◇现代经济与管理类规划教材

宏观经济学导教导学

郑春梅　高鹤文　编著

清 华 大 学 出 版 社
北京交通大学出版社
·北京·

内 容 简 介

本书是《宏观经济学教程》的配套用书，是为了满足师生对宏观经济学的教学需求而编写的。书中所设计的【学习要求及重点】【汉英关键词汇对照及定义】【核心内容】【"练习及思考"精解】模块，利于任课教师的教学及其辅导学生学习和复习过程中的提纲挈领，可以减轻教师的出题和阅卷强度。【自测练习题】【自测练习题答题要点】【考研真题汇总及答题要点】等模块则利于学生在较短时间内快速、准确地把握宏观经济学的基本概念、原理，并掌握相关解题思路与方法，利于学生考试和考研复习。

本书题目类型多样，知识点覆盖较为全面，解答详略得当，适用于经济学、管理学等专业学生和有志报考经济学、管理学硕士研究生入学考试的学生，有益于引导考生尽快地适应考试要求，有益于对宏观经济学感兴趣的读者作为参考之用。

图书在版编目（CIP）数据

宏观经济学导教导学 / 郑春梅，高鹤文编著. —北京：北京交通大学出版社：清华大学出版社，2015.8

现代经济与管理类规划教材

ISBN 978-7-5121-2390-8

Ⅰ.① 宏…　Ⅱ.① 郑…　② 高…　Ⅲ.① 宏观经济学-高等学校-教材　Ⅳ.① F015

中国版本图书馆 CIP 数据核字（2015）第 197884 号

责任编辑：吴嫦娥　助理编辑：许啸东

出版发行：清华大学出版社　邮编：100084　电话：010-62776969　http://www.tup.com.cn
　　　　　北京交通大学出版社　邮编：100044　电话：010-51686414　http://www.bjtup.com.cn
印　刷　者：北京时代华都印刷有限公司
经　　　销：全国新华书店
开　　　本：185×260　印张：11.75　字数：227千字
版　　　次：2015年9月第1版　2015年9月第1次印刷
书　　　号：ISBN 978-7-5121-2390-8/F·1542
印　　　数：1～2 000 册　定价：29.00 元

前　言

　　宏观经济学是经济学及相关专业最为重要的核心课程之一，是硕士研究生入学考试的必考科目之一。在我国的绝大多数大学中多设有宏观经济学课程，目前国内外有关教程和习题指导书种类繁多。基于作者们对宏观经济学相关理论理解各有不同，因而所编写的宏观经济学习题详解、习题指南和复习指南存在着很大的差异。如何吸收他人的精华，编写一本较为适合教与学的宏观经济学导教导学书籍就成为我们的任务。

　　近十几年来，在北方工业大学校内，我们进行了不断的尝试，进行了宏观经济学习题精解和指导的教学改革探索，并在拥有丰富教学经验和大量资料参考基础上，先后进行了"宏观经济学题库""宏观经济学案例库"等教学改革方面的研究，而且将相关题库和案例库在教学中反复进行了多次应用，并得到了教师和学生们的积极反馈。在此基础上，有针对性地出版了《宏观经济学教程》一书，该书由于其新颖的逻辑体系和本土案例的恰当应用，获得了读者的好评。之后，我们着手了与《宏观经济学教程》相配套的《宏观经济学导教导学》的编写，力图对《宏观经济学教程》课后习题进行解答，并有针对性地对精选考研难题进行详细分析。

　　本书具备三个特色。

　　第一，立足教师。本书首先对宏观经济学的基本知识点进行了归类和总结，并在此基础上，设计了题量合适的习题和自测题。这样安排有助于教师课上课后的时间灵活安排，并有助于教师检查学生对所授宏观经济学知识的掌握程度。【学习要求及重点】【汉英关键词汇对照及定义】【核心内容】等模块利于教师合理安排讲授重点和难点，利于教师对学生认真研读的指导安排。

　　第二，立足学生。本书对宏观经济学相关知识的重点和难点进行了归类和总结，并在此基础上设计了【学习要求及重点】【汉英关键词汇对照及定义】【核心内容】等模块，这些模块利于经济学相关专业学生合理安排学习不同的投入比例，利于学生在较短时间内把握重点和难点，利于学生认真研读的自我安排。【"练习及思考"精解】对《宏观经济学教程》课后习题的详解和分析利于学生掌握《宏观经济学教程》相关知识；而【自测练习题】【自测练习题答题要点】【考研真题汇总及答题要点】等模块则利于学生对相关知识点进一步深入理解与把握，并利于学生的系统复习。

　　第三，立足考研复习者。考虑到许多非经济学类专业学生考研的需要，本书安排了【自测练习题】【自测练习题答题要点】【考研真题汇总及答题要点】等模块，这样一方面可以使考生能对自己掌握的知识水平进行自测，另一面可以使学生能了解不同题目的难度要求；同时，还可以对不同高校的题目范围有所了解。

　　《宏观经济学导教导学》对于提高读者对宏观经济学学习兴趣和学习能力有重要的作用。

因此，在编写这本书时，我们感到责任重大。当然，尽管自己做了不少努力，但可能尚有欠缺之处，请读者批评指正。

　　在本书的写作过程中，无论是在框架构建上还是在习题的选取上，都得到了北方工业大学应用经济学硕士点责任教授吴振信老师的大力帮助，他提出的许多修改意见使作者受益匪浅，并已反映在本书中。北京交通大学出版社的吴嫦娥女士对于本书的版式设计、出版做出了重要贡献。在写作过程中，我们还参考借鉴了国内许多同仁的成果，在此，我们向他们表示诚挚的感谢！

郑春梅　　高鹤文

2015 年 6 月

目　录

第1章 宏观经济学导论

学习要求及重点

1. 学习要求

- 了解宏观经济学的发展概况。
- 理解宏观经济学的理论框架和宏观经济学分析方法的特点。
- 掌握宏观经济学的研究对象。

2. 学习重点

- 宏观经济学研究对象、研究方法和发展概况。
- 宏观经济学的理论框架。
- 宏观经济学与微观经济学的联系与区别。

汉英关键词汇对照及定义

1. 宏观经济学（Macroeconomics）：研究整个社会和整个国家的经济状况。具体地，它研究的是诸如国内生产总值、总需求、总供给、总储蓄、总投资、总就业量、货币供给量及物价水平等宏观经济总量。通过研究这些总量的决定和变化，宏观经济学来说明整个社会的经济资源是否以及如何得到充分利用以满足社会经济发展的需要。宏观经济学研究的中心问题是国民收入。

2. 萨伊定律（Say's Law）：法国经济学家萨伊在《政治经济学概论》中提出：第一，一种产品的生产给另一种产品创造了需求；第二，货币交换实质是产品与产品的交换；第三，某种产品生产过剩是因为另外一种产品供给不足，所以生产过剩的原因是供给不足；第四，局部产品的失调可以通过价格来调整。概括来说，就是供给会自动创造其自身的需求，也就是需求总是等于供给，因为需求是被供给所决定的。这就是所谓的"萨伊定律"。

3. 凯恩斯革命（The Keynesian Revolution）：1936年约翰·梅纳德·凯恩斯（John Maynard Keynes，1883—1946）出版了《就业、

利息与货币通论》（简称《通论》），对 1929—1933 年的经济大萧条和罗斯福新政给出了一个系统、全面的理论解释，彻底颠覆了"供给自动创造需求"和"不干预的自由主义"的教条，第一次提出了宏观经济的基本概念和分析方法，认为由于边际消费倾向递减、资本边际效率递减、流动性偏好这三大规律导致的有效需求不足，才是资本主义生产过剩、经济危机的根源，而且无法通过市场自发调整，政府必须干预。这些思想革命性地批判了传统的自由放任思想和个量分析方法，迅速得到了经济学家的广泛认可，被称为"凯恩斯革命"。

4. 总量分析法（Aggregate Analysis Method）：总量分析法与个量分析方法不同，是从总体上考察家庭、企业、政府等主体的经济行为。个量分析法是将家庭、企业作为分散决策的个体单位进行分析的，总量分析法是将家庭、企业、政府作为统一行动的整体进行分析的。

5. 合成谬误（Fallacy of Composition）：合成谬误是将在个体、局部或微观层面上成立的原理，简单地外推到整体或宏观层面的一种错误推理。它错误地认为整体或集合是部分或个别元素的简单叠加。

6. 归纳法（Inductive Method）：从对个别经济现象因果关系的认识开始，从中挖掘出一般性的规律，再上升到理论的高度，认识路线是从个别到一般。

核 心 内 容

1. 宏观经济学研究整个社会和整个国家的经济状况。具体地，它所研究的是国内生产总值、总需求、总供给、总储蓄、总投资、总就业量等宏观经济总量。宏观经济学就是研究这些总量的决定和变化，来说明整个社会的经济资源是否以及如何得到充分利用以满足社会经济发展的需要。

2. 宏观经济学以国民收入为中心问题，以总需求和总供给为基本研究方法；以产品市场、货币市场和劳动市场这三大市场为研究范围，以家庭、企业、政府、国外四个部门为研究主体。

3. 宏观经济学研究的现实问题包括失业、通货膨胀、经济周期、经济增长、国际收支平衡和宏观经济政策等六大问题。其中失业和通货膨胀是短期问题，经济周期和经济增长是长期问题。

4. 宏观经济政策的目标主要有四个：充分就业、价格稳定、经济持续增长和国际收支平衡。其中充分就业与价格稳定之间是冲突的，充分就业与经济增长之间是一致的，国际收支平衡与充分就业、物价稳定等目标是相互冲突的。因此，需要宏观经济政策的统筹兼顾。

5. 宏观经济政策的方向有扩张性的政策和紧缩性的政策两种，宏观经济政策的工具主要有财政政策和货币政策两种，具体政策的操作分为四种：扩张性的财政政策、扩张性的货币政策、紧缩性的财政政策、紧缩性的货币政策。

"练习及思考"精解

一、填空题

1. 宏观经济学的研究对象是<u>整个社会和整个国家的经济状况</u>。

2. 宏观经济学的研究范围包括<u>产品市场</u>、<u>货币市场</u>、<u>劳动市场</u>等三大市场。

3. 宏观经济学的研究主体包括<u>家庭</u>、<u>企业</u>、<u>政府</u>、<u>国际</u>等四个部门。

4. 宏观经济学主要研究<u>失业</u>、<u>通货膨胀</u>、<u>经济周期</u>、<u>经济增长</u>、<u>国际收支</u>、<u>宏观经济政策</u>等六大问题。

5. 宏观经济的总体目标是<u>实现一个国家国民收入的稳定增长</u>。具体体现为以下4个目标：<u>充分就业</u>、<u>稳定物价</u>、<u>经济持续稳定增长</u>、<u>国际收支平衡</u>。

6. 宏观经济学的发展分为<u>萌芽阶段</u>、<u>形成阶段</u>和<u>发展阶段</u>三个阶段。

二、选择题

1. 宏观经济学的创始人是（C）。
   A. 萨伊　　　　　　　　B. 罗斯福
   C. 凯恩斯　　　　　　　D. 萨缪尔森

2. 宏观经济学的核心理论是（C）。
   A. 价格理论　　　　　　B. 均衡理论
   C. 收入理论　　　　　　D. 就业理论

3. 宏观经济中不包括下面哪个市场？（D）
   A. 产品市场　　　　　　B. 货币市场
   C. 劳动市场　　　　　　D. 国外市场

4. 下列哪项不是宏观经济政策的目标？（C）
   A. 国际收支平衡　　　　B. 充分就业
   C. 财政收支平衡　　　　D. 物价稳定

5. 宏观经济政策目标一致的是（B）。
   A. 充分就业与物价稳定　　B. 充分就业与经济增长
   C. 物价稳定与经济增长　　D. 充分就业与国际收支平衡

6. 宏观经济政策目标冲突的是（A）。
   A. 充分就业与物价稳定　　B. 充分就业与经济增长
   C. 物价稳定与经济增长　　D. 充分就业与国际收支平衡

三、问答与论述题

1. 宏观经济学产生的理论背景与历史背景是什么？

答：（1）宏观经济学产生的理论背景。

在宏观经济学正式成为一门独立的学科之前，许多经济学家对宏观经济问题进行了有益的探讨，提出了很多有价值的宏观经济思想，为宏观经济学产生提供了理论基础。主要包括如下几个。

第一，威廉·配第在历史上第一次对国民收入进行了估算。

英国的威廉·配第（William Petty，1623—1687）作为经济学的鼻祖之一，在其《政治算术》和《献给英明人士》等著作中首次对英国的国民财富和国民收入进行了估算；亚当·斯密（Adam Smith，1723—1790）在经济学产生的标志性著作《国民财富的性质和原因研究》（简称《国富论》）中提出了国民财富的概念，这是现代国民生产总值概念的雏形。

第二，弗朗斯瓦·魁奈首次进行了宏观经济分析。

法国经济学家魁奈（Francois Quesnay 1694—1774）在其名著《经济表》中对社会总资本再生产和流通进行了全面深刻的分析，实际上是将一国经济中的变量归结为总收入、总消费和总投资等经济总量。这是经济学宏观分析的创世之作。

第三，萨伊定律是古典经济学中宏观经济思想的最高概括。

20世纪30年代之前，古典经济学和新古典经济学充分阐述了斯密的"看不见的手"的原理，证明自由市场中价格机制可以自动地实现供求的均衡。虽然在调节过程中会出现暂时的、局部的供求失衡，但在总体上既不会出现供过于求的经济危机，也不会出现供不应求的经济过热。这一核心思想充分体现为古典经济学中的"萨伊定律"（Say's Law）。然而，萨伊定律并没有在实际中得到充分的验证，资本主义国家经常发生经济危机，尤其是20世纪30年代长达十年的经济大萧条，彻底粉碎了这一自由市场的神话。

（2）宏观经济学产生的历史背景。

宏观经济学的历史背景可以从经济和政策两个方面进行分析。

第一，经济背景：1929—1933年的经济大萧条。

1929年10月29日，美国纽约股票市场暴跌，由此引发了一场席卷全球的经济大萧条：银行倒闭、工厂关门、工人失业、贫困来临。到1932年，整个美国的社会生产力下降了一半，金融市场遭受严重破坏，货币流通体系趋于瘫痪。资本家和大农场主大量销毁"过剩"的产品。经济的大萧条也造成了严重的社会问题：大量失业者流浪街头，美国的失业率由1929年的5.5%上升到1934的22%，造成社会治安日益恶化。

危机之初，政府信任自由放任的古典经济学思想，认为经济危机很快就会过去，但结果完全相反，危机日益严重，并且迅速波及整个资本主义世界。

第二，政策背景：罗斯福新政。

1933 年，罗斯福当选美国第 32 任总统。1933 年 3 月 6 日，罗斯福就职的第三天发布了《银行休假令》，宣布全国银行一律放假一天，标志着"罗斯福新政"的开始。随后，罗斯福采取了一系列的政策措施干预经济。1937 年美国的国民收入从 1933 年的 396 亿美元大幅增加到 736 亿美元，物价也从 1934 年起止跌回升，失业率大大下降。

罗斯福政府采取的干预措施后来成为扩张性财政政策的基本内容，对后来宏观经济政策产生了重大影响，成为现代财政政策的开端。

2. 宏观经济学的理论框架包括哪些内容？

答：（1）以国民收入为研究的中心问题。

宏观经济学以国民收入为研究对象，具体研究国民收入的决定、变动以及由此引起的后果和政府相应的调控政策等相关问题。其中，国民收入的决定是其理论基础，是宏观经济学研究的中心问题。国民收入的长期变动就是经济增长和经济周期的问题，国民收入的短期变动以及引起的后果就是短期的失业与通货膨胀问题。所以，宏观经济学也被称为收入理论。

（2）以总需求和总供给为基本研究方法。

宏观经济学从需求和供给的角度来研究国民收入的决定和变化问题，即总供给和总需求。总供求均衡决定价格水平和国民收入总量。

（3）以产品、货币和劳动等三大市场为研究范围。

宏观经济学主要考虑产品市场、货币市场和劳动市场三大类。根据研究范围的不同，宏观经济学建立了三个国民收入的决定模型：产品市场均衡的简单国民收入决定模型；产品市场与货币市场共同均衡的国民收入决定模型；产品市场、货币市场和劳动市场共同均衡的国民收入决定模型。

（4）以家庭、企业、政府和国外为研究主体。

一个国家的经济行为主体大致可以分为家庭、企业、政府和国外四大类型，被称之为四个部门。总需求分别来自上述四个部门：家庭的消费需求、企业的投资需求、政府的购买需求和国外的进出口需求。

3. 简述宏观经济学与微观经济学的区别与联系。

答：从二者的研究对象看，微观经济学研究单个经济主体的经济行为和相应经济变量的确定。具体来说，是研究单个企业如何把有限的资源分配到各种商品的生产上来获得最大利润、单个消费者如何把有限的收入分配到各种商品消费上来获得最大效用、单个商品市场和生产要素市场上的价格如何确定等问题。微观经济学使用个量分析方法，研究问题可具体为：生产什么；为谁生产；怎样生产。这三个问题显然都与价格机制有关。

宏观经济学以整个国民经济活动为研究对象，研究整个经济体系中各有关经济总量的决定及其变动，使用总量分析方法。研究的问题包括充分就业、经济增长等问题，这些问题显然都与国民收入相关。

微观经济学和宏观经济学的研究范围、对象有着明显的区别。但是二者之间也存在着明显的共同点和相互联系：① 都把社会经济制度作为既定的前提，即二者的研究都不涉及制度因素对经济的影响。因此，它们都不同于制度经济学的研究重点。② 它们使用的基本方法是相同的，如都使用均衡分析法、边际分析法等。③ 微观经济学先于宏观经济学产生，其发展相对较为成熟，是宏观经济学的产生和发展的基础。宏观经济学的形成落后于微观经济学，但在宏观经济学的不断发展和丰富过程中，对微观经济学内容的丰富也起到了很重要的作用。因此，需要对二者都应该认真学习和对待，缺一不可。

4. 简述宏观经济政策目标之间的相互关系。

答：四个目标是相互关联的。例如，充分就业目标与经济增长目标之间是一致的，可以同时实现，促进经济增长也就促进了就业，促进了就业也必然带来经济增长。再比如充分就业与物价稳定目标之间是相互冲突的，增加就业的政策可能导致价格上涨，而抑制价格上涨的政策又可能导致失业增加，这会导致宏观经济政策的顾此失彼。还有，国际收支平衡与充分就业、物价稳定等目标之间也是相互冲突的，降低国际收支盈余的政策可能导致失业增加，增加国际收支盈余的政策又可能带来物价上涨。这种政策目标之间的相互冲突，增加了宏观经济政策操作的难度，需要宏观经济政策的统筹兼顾。

5. 简述宏观经济政策的方向与工具的类型。

答：根据宏观经济的政策目标，宏观经济政策的操作方向可以分为两种：扩张性的政策和紧缩性的政策。如果要提高就业水平，促进经济增长，需要扩张性的政策；如果需要抑制通货膨胀，降低经济增长速度，需要紧缩性的政策。

宏观经济的政策工具主要有财政政策和货币政策。根据政策操作的两种不同方向，又区分为扩张性的财政政策和扩张性的货币政策、紧缩性的财政政策和紧缩性的货币政策。

宏观经济政策的分析强调总需求政策和短期政策。不论是财政政策还是货币政策，都是针对总需求而言的。因此，宏观经济政策又被称之为需求管理政策。而且，不论是扩张性还是紧缩性政策，都是短期政策。

自测练习题

一、填空题

1. 宏观经济学以＿＿＿＿和＿＿＿＿为基本的研究方法。
2. 宏观经济学的总体目标是追求＿＿＿＿的稳定增长。

3. 宏观经济政策的操作方向可以分为两种：_____和_____。

4. _____定律是古典经济学中宏观经济思想的最高概括。

5. _____是宏观经济政策的首要目标。

6. 相对来说，宏观经济学比微观经济学更侧重_____分析。

二、判断题（下列判断正确的在括号内打√，不正确的打×）

1. （　　）产出水平和产出水平的变化是宏观经济研究的主要问题。

2. （　　）经济政策是指用以达到经济目标的措施。

3. （　　）借鉴宏观经济学应注意对本国经济的深刻理解。

4. （　　）资源如何在不同的用途之间分配是宏观经济学的研究内容。

5. （　　）宏观经济学和微观经济学的研究对象都是一国的国民经济，只不过研究角度不同而已。

6. （　　）宏观经济学更多地强调非均衡，认为均衡并不是一种常态。

三、选择题

1. 下列哪一个说法是正确的？（　　）
   A. 宏观经济学和微观经济学都采取了均衡分析的方法。
   B. 宏观经济学只有短期分析方法。
   C. 宏观经济学主要使用演绎法，微观经济学主要适用归纳法。
   D. 宏观经济学以总供给分析为主。

2. 宏观经济学包括（　　）。
   A. 总产出是如何决定的
   B. 什么决定就业和失业总量
   C. 什么决定一个国家发展的速度
   D. 什么引起总价格水平的上升和下降
   E. 以上说法全都正确

3. 在宏观经济学体系创立过程中起十分重要作用的著作是（　　）。
   A. 亚当·斯密的《国富论》
   B. 大卫·李嘉图的《赋税原理》
   C. 马歇尔的《经济学原理》
   D. 凯恩斯的《通论》
   E. 萨缪尔森的《经济学》

4. 宏观经济学更强调（　　）。
   A. 短期分析　　　　　　B. 长期分析
   C. 中期分析　　　　　　D. 条件分析

5. 下面哪项不属于宏观经济学与微观经济学的关系？（　　）

    A. 都属于经济学分支

    B. 都主要采用实证分析法

    C. 都主要采用均衡分析法

    D. 两者使用的方法截然不同

6. 宏观经济政策的方向主要有（　　）。

    A. 扩张性的政策和紧缩性的政策

    B. 促进经济增长的紧缩性政策

    C. 促进经济增长的扩张性政策

    D. 抑制通货膨胀的扩张性政策

四、问答题

1. 宏观经济学和微观经济学的研究对象有何不同？

2. 请结合您目前所搜集的最新宏观经济新闻进行讨论。

3. 什么是"凯恩斯革命"？

自测练习题答题要点

一、填空题

1. 总需求　　总供给

2. 国民收入

3. 扩张性的政策　　紧缩性的政策

4. 萨伊

5. 充分就业

6. 规范

二、判断题（下列判断正确的在括号内打√，不正确的打 ×）

1.（√）【要点】根据宏观经济学研究内容。

2.（√）【要点】根据经济政策的含义。

3.（√）【要点】根据宏观经济学的研究范围。

4.（×）【要点】根据宏观经济学研究内容。

5.（×）【要点】根据宏微观经济学研究内容。

6.（√）【要点】根据宏观经济学的特点。

三、选择题

1. A【要点】根据宏观经济学的特点。

2. E【要点】根据宏观经济学研究内容。

3. D【要点】凯恩斯的《通论》在宏观经济学的产生过程中起了十分重要的作用。

4. A【要点】根据宏观经济学研究方法。

5. D【要点】根据宏观经济学与微观经济学的研究方法。

6. A【要点】根据宏观经济学研究内容。

四、问答题

1. 宏观经济学和微观经济学的研究对象有何不同？

答： 略。（参见《宏观经济学教程》第1章1.2节相关内容）。

2. 请结合您目前所搜集的最新宏观经济新闻进行讨论。

答： 略。

3. 什么是"凯恩斯革命"？

答： "凯恩斯革命"是指凯恩斯的经济理论对传统经济理论进行的革命性批判。

"凯恩斯革命"主要表现在三个方面：第一，经济学研究的重点应从稀缺资源的配置转移到怎样克服资源闲置问题上来；第二，资本主义市场经济经常处在小于充分就业的状态，而非充分就业状态；第三，政府应采取积极干预经济的政策，促使充分就业的实现。

考研真题汇总及答题要点

一、概念题

宏观经济学（macroeconomics）（中南财经大学，2003）

一种现代的经济分析方法。它以国民经济总体作为考察对象，研究经济生活中有关总量的决定与变动，解释失业、通货膨胀、经济增长与波动、国际收支与汇率的决定和变动等经济中的宏观整体问题，所以又称之为总量经济学。宏观经济学的中心和基础是总供给—总需求模型。具体来说，宏观经济学主要包括总需求理论、总供给理论、失业与通货膨胀理论、经济周期与经济增长理论、开放经济理论、宏观经济政策等内容。

二、简答与论述题

1. 宏观经济学研究的主要对象是什么？（武汉大学，2001）

答： 以国民收入为研究的中心问题。宏观经济学以国民收入为研究对象，具体研究国民收入的决定、变动以及由此引起的后果和政府相应的调控政策等相关问题。其中，国民收入的决定是其理论基础，是宏观经济学研究的中心问题。国民收入的长期变动就是经济增长和经济周期的问题，国民收入的短期变动以及引起的后果就是短期的失业与通货膨胀问题。所以，宏观经济学也被称为收入理论。

2. 简述宏观经济政策的目标及其工具。（华中师范大学，2007）

答： 首先，宏观经济政策的目标有以下四种。

（1）充分就业。指一切生产要素（包含劳动）都有机会以自己愿意的报酬参加生产的状态。

（2）价格稳定。指价格总水平的稳定。

（3）经济持续均衡增长。经济增长是指在一个特定时期内经济社会所生产的人均产量和人均收入的持续增长。

（4）国际收支平衡。

其次，要实现既定的经济政策目标，政府运用的各种政策手段，必须相互配合，协调一致。主要工具为：财政政策和货币政策（具体的财政政策和货币政策工具参见本书第 2 章《考研真题汇总及答题要点》相关内容）。

第2章
宏观经济学基础

学习要求及重点

1. 学习要求
• 了解简单国民收入决定的基本假定条件。

• 理解 GDP 核算中产出等于收入，产出等于支出的关系；消费函数的含义、边际消费倾向和边际储蓄倾向的含义及其计算方法；财政支出和财政政策；货币供给和货币政策。

• 掌握国内生产总值的含义、国内生产总值的计算方法；边际消费倾向递减规律；边际消费倾向的含义和计算。

2. 学习重点
• 国内生产总值的含义、国内生产总值的核算、国民收入核算中的其他总量、国民收入核算中几个重要的恒等式、实际的国内生产总值与名义的国内生产总值。

• 消费函数、消费曲线、平均消费倾向和边际消费倾向。

• 储蓄函数、储蓄曲线、平均储蓄倾向和边际储蓄倾向、消费与储蓄的关系。

• 自动稳定器、斟酌使用的政策。

• 商业银行与中央银行、存款创造、货币政策的工具。

汉英关键词汇对照及定义

1. 国内生产总值（Gross Domestic Product，GDP）：指一个国家或地区在一定时期内（一般是一年或一个季度）生产出来的全部最终产品（包括产品和劳务）的市场价值总和。

2. 名义 GDP（Nominal Gross Domestic Product）：指按当年的市场价格计算的国内生产总值。

3. 实际 GDP（The Actual Gross Domestic Product）：指按不变价格（以某一时点的价格为基准）计算的 GDP。

4. 最终产品（Final Products）：是最后使用者购买的产品和劳务，是供人们最终消费或使用的产品，而不是为了转卖或进一步加工所购买的产品和劳务。

5. 中间产品（Intermediate Goods）：是指用于生产其他产品或劳务而使用的产品和劳务，它不是供人们最终使用的产品，是在生产各阶段中投入的产品或劳务，其价值会转移到每一生产阶段的产品价值之中去。

6. 流量（Flow）：是指一定时期内发生的量（动态数值）。

7. 存量（Stock）：是指一定时点上存在的量（静态数值）。

8. 国民生产总值（Gross National Product，GNP）：它是按照国民原则计算的，是指一定时期内一国或地区的国民（指具有永久居民权）所拥有的全部生产要素所生产出来的最终产品的市场价值总和。一国或地区的国民一般包括：住在本国或本地区的具有本国或地区国籍的公民；住在本国或本地区具有永久居住权的外国公民；居住在海外的本国或本地区国籍的居民。

9. 支出法（Expenditure Approach）：是一种最常用的 GDP 核算方法，又称为最终商品或产品流量法。是从产品的使用出发，把一年内购买的各项最终产品和劳务的支出加总。

10. 收入法（Income Method）：又称为生产要素所得法，是从收入的角度出发，把各种生产要素在生产中得到的收入相加之和。

11. 生产法（Productive Method）：又称部门增加值法，是依据各个生产阶段或各个生产部门所创造的新增加值（其中政府部门劳务按其支出计算）总和来计算的。

12. 国内生产净值（Net Domestic Product，NDP）：是指一个国家或地区在一定时期内所创造出来的新价值之和。

13. 国民收入（National Income，NI）：指狭义的国民收入，是指一定时期内一个国家劳动、资本、土地和企业家才能这些生产要素所有者的收入之和。

14. 个人收入（Personal Income，PI）：是指一定时期内一个国家或地区的居民所获得的收入总和。

15. 个人可支配收入（Disposable Personal Income，DPI）：是指个人收入扣除个人缴纳的所得税及社会保险费等非税收性支付后的部分。

16. 消费函数（Consumption Function）：指消费支出与决定消费的各种因素之间的依存关系。宏观经济学中主要是指消费支出与可支配收入之间的函数关系。

17. 边际消费倾向（Marginal Propensity to Consume，MPC）：是指消费增量与收入增量的比率。一般来说，边际消费倾向介于 0 到 1 之间。

18. 平均消费倾向（Average Propensity to Consume，APC）：是指

消费总量与收入总量的比率。

19. 储蓄（Saving）：是指一个国家或地区一定时期内居民个人或家庭收入中未用于消费的部分。

20. 平均储蓄倾向（Average Propensity to Save）：是指储蓄总量与收入总量的比率，简称 APS。

21. 边际储蓄倾向（Marginal Propensity to Save）：是指储蓄增量与收入增量的比率，简称 MPS。一般来说，边际储蓄倾向介于 0 到 1 之间。

22. 投资函数（Investment Function）：指投资及其投资的规模与一定时期的利率水平之间存在着的函数关系。

23. 政府购买（Government Purchase）：指政府对商品和劳务的购买，包括购买军用品、政府办公用品、政府雇员的薪金、各种公共工程的建造等。政府购买直接形成社会的总需求和实际购买力。因此，是一项重要的财政政策工具。

24. 政府转移支付（Government Transfer Payment）：是指将政府的收入转移给政府以外的人，主要是根据社会福利制度需要转移给需要社会救助的人群，如失业、伤残、贫困、老幼、受灾等需要救助群体的救济和补贴。这些转移支付最终会成为居民可支配收入的一部分，形成社会购买力和总需求。

25. 财政政策（Fiscal Policy）：是指政府通过财政收支的变动（如政府购买、转移支付、税收等），改变产品市场上的总需求，以实现一些特定的宏观经济目标的政策措施。

26. 扩张性财政政策（Expansionary Fiscal Policy）：指通过提高财政支出或减少财政收入的办法以扩张社会总需求，包括增加政府购买、增加转移支付和减少税收。

27. 紧缩性财政政策（Contractionary Fiscal Policy）：指减少财政支出或提高财政收入的办法以压缩总需求，包括减少政府购买、减少转移支出和增加税收。

28. 货币的交易需求（Transactionary Motive for Money）：是指为了便于交易产品和劳务目的而持有的货币需求。又称为"货币的交易动机"。

29. 货币的谨慎需求（Precautionary Motive for Money）：又称为预防性需求，是指人们为了应付突发性事件，为预防意外支出而持有一定数量的货币。

30. 货币的投机需求（Speculative Motive for Money）：是指人们为了投资于债券、股票、房产等收益性资产获取投机利益而持有部分货币的动机。

31. 货币供给量（Money Supply）：是指一国经济流通中的货币量，亦称货币流通量。

32. 存款创造乘数（Deposit Multiplier）：是指增加一单位存款所创造出货币的倍数。它是法定准备率的倒数。

33. 货币政策（Monetary Policy）：是中央银行通过改变货币供给量以影响利率，从而调节投资需求和总需求的政策工具。

34. 法定准备率（Statutory Reserve）：是指以法律规定的商业银行对于存款所必须保持的准备金的比例。

35. 公开市场业务（Open Market Operations）：是指中央银行以某一时期的货币供给量指标为依据，通过在金融市场上对社会公众、企业及中央银行以外的各种金融机构买进或卖出政府债券，调节货币供应量进而影响利率的做法。

36. 再贴现率（Rediscount Rate）：又称"折现率"，是指将今后收到或支付的款项折算为现值的利率，常用于票据贴现。

核 心 内 容

1. GDP 核算"一定时期内""生产的""最终产品"的市场价值。它是一个相对纯净的流量指标，且该指标并不反映产品的实现情况；GDP 核算的地域范围是"一国或一地区"，要充分注意其在核算原则上与 GNP 的区别。人们经常把 GDP 作为指导和反映现代经济活动的最重要指标。在准确理解这一重要概念的基础上，必须认识到该指标存在的缺陷（如 GDP 并不能准确反映一国居民享有的福利水平；以现有的 GDP 指标作为经济活动的指导有悖于可持续发展的目标，等等）。

2. 国内生产总值（GDP）核算的两种方法：支出法和收入法。

支出法是通过加总各部门在最终产品上的总支出得到 GDP 的数值。其基本公式为：

$$GDP = C + I + G + X - M$$

其中：C 为家庭部门的消费支出，I 为企业部门的投资支出，G 为政府部门的政府购买支出，X、M 分别代表出口和进口，$X - M$ 就是国外部门的净支出。在这四类支出中，I 是投资支出。这里的"投资"与日常生活中"投资"在含义上不同；根据形成社会资产的不同形式，投资分为固定资产投资和存货投资两种；从价值构成上看，投资包括重置投资和净投资。

收入法是从收入的角度核算 GDP，其基本公式为：

$$GDP = 工资 + 利息 + 利润 + 租金 + 业主收入 +$$
$$间接税和企业转移支付 + 折旧$$

其中前四项为要素收入，后三项则不是要素收入。

3. 储蓄和投资的恒等，是基于国民收入核算原理的恒等。

两部门经济的恒等式：$I \equiv S$；

三部门经济的恒等式：

$I+G\equiv S+T$ 或 $I\equiv S+（T-G）$；

四部门经济的恒等式：

$I+G+X\equiv S+T+M$ 或 $I\equiv S+(T-G)+(M-X)$

4. 消费函数：在实际分析中，通常假设消费与收入之间存在线性关系。一般地，消费函数形式为：

$$C=\alpha+\beta Y_d$$

式中，C 为消费，α 为自发消费，β 为边际消费倾向，Y_d 为可支配收入。根据可支配收入、消费和储蓄之间的关系，又可得储蓄函数：

$$S=-\alpha+(1-\beta)Y_d$$

式中，S 代表储蓄，$1-\beta$ 代表边际储蓄倾向。

5. 凯恩斯认为，存在一条基本心理规律，即人们的消费决定于现期的、绝对的、实际的收入水平，收入越多，消费也越多。但消费增加不如收入增加得快，即边际消费倾向递减。

6. 财政政策指政府通过财政收支的变动，改变产品市场上的总需求，以实现一些特定的宏观经济目标的政策措施。财政政策的工具包括四种：支出方面有政府购买和政府转移支付两种，收入方面有税收和公债两种。政府购买和政府转移支付的增加（或减少）通常会引起经济的膨胀（或收缩），征税水平的提高（或降低）则会导致经济的收缩（或膨胀），公债发行可以为政府扩大财政支出提供支持，一般也会导致经济的扩张。

7. 财政政策发生作用的方式有两种：一种是财政的"自动稳定器"，即一国在税收、社会保障以及农产品价格支持等方面的一些工具能够自行纠正经济活动出现的偏差；另一种是相机抉择的财政政策，又称为补偿性财政政策，即政府遵照功能财政的预算思想，"逆经济风向行事"地对经济进行反方向调节，以稳定宏观经济的运行。

8. 货币政策是中央银行通过改变货币供给量以影响利率，从而调节投资需求和总需求的政策工具。主要的政策工具有三种，即中央银行可以用改变再贴现率、改变法定准备率或公开市场业务来实现货币供给的增加或减少。其中，公开市场业务是目前中央控制货币供给的最重要也是最常用的工具。

9. 现代银行体系具有存款派生或货币创造的功能，银行体系创造货币的原因有两个：第一，部分准备金制度；第二，非现金结算制度。

"练习及思考" 精解

一、填空题

1. 国内生产总值是指一个国家或地区在一定时期内（一般是一年

或一个季度）生产出来的全部最终产品（包括产品和劳务）的市场价值总和。

2. GDP 的三种核算方法分别是支出法、收入法、生产法。

3. 财政政策的三大政策工具是政府购买、政府转移支付、税收。

4. 货币需求的三个动机分别是交易需求、谨慎需求、投机需求。

5. 货币政策的三大工具分别是法定准备金率、再贴现率、公开市场业务。

二、选择题

1. 宏观经济核算的核心指标是（C）。

    A. 国民收入　　　　　　　　B. 国民生产总值

    C. 国内生产总值　　　　　　D. 政府财政收入

2. 应该计入今年国内生产总值的是（A）。

    A. 今年生产没有销售出去的汽车

    B. 去年生产而今年销售出去的汽车

    C. 某人今年卖给他人的旧车

    D. 今年报废的汽车

3. 存折上的存量是（C）。

    A. 存入额　　B. 支出额　　C. 余额　　D. 不确定

4. 国内生产总值（GDP）与国内生产净值（NDP）之间的差在于（B）。

    A. 直接税　　B. 折旧　　C. 间接税　　D. 净出口

5. 在宏观经济学中，企业的投资是（D）。

    A. 买股票　　B. 购买黄金　　C. 购买债券　　D. 购买机器

6. 要实行扩张性的货币政策，中央银行可采取的措施是（D）。

    A. 卖出国债　　　　　　　　B. 提高准备金率

    C. 提高再贴现率　　　　　　D. 买入国债

7. 平均消费倾向与平均储蓄倾向之和是（D）。

    A. 大于 1　　B. 小于 1　　C. 等于 0　　D. 等于 1

8. 中央银行在公开的证券市场上买入政府债券会使货币供给量（B）。

    A. 减少　　B. 增加　　C. 不变　　D. 难以确定

9. 要实行扩张性的财政政策，可采取的措施是（D）。

    A. 提高利率　　　　　　　　B. 减少政府购买

    C. 减少政府转移支付　　　　D. 增加政府购买

10. 哪一项不是中央银行控制货币供给的主要工具？（D）

    A. 法定准备金率　　　　　　B. 再贴现率

    C. 公开市场业务　　　　　　D. 道义劝告

三、问答与论述题

1. GDP 概念应该从哪几个方面来理解？

答：国内生产总值是指经济社会（即一国或一地区）在一定时期内运用生产要素所生产的全部最终产品（物品和劳务）的市场价值。应从以下几个方面来理解：

（1）GDP 是一个市场价值概念，即 GDP 是将不同种类产品的货币价值进行加总；

（2）GDP 计算的不是全部的产品和劳务的市场价值，而只是其中最终产品的市场价值，中间产品的市场价值不计算在内，以免造成重复计算；

（3）GDP 是一定时期内（通常为一年）所生产出来而不是所有销售出去的最终产品价值；

（4）GDP 是某个时间段生产的最终产品价值，因而是流量而不是存量。流量是一定时期内发生的变量，存量是一定时点上存在的变量；

（5）GDP 是一国范围内生产的最终产品的市场价值。因而，GDP 是一个地域概念。

（6）GDP 一般仅指市场活动导致的价值。家务劳动、自给自足生产等非市场活动不计入 GDP。

2. 名义 GDP 和实际 GDP 之间的关系是什么？

答：名义 GDP（或货币 GDP）指使用生产物品和劳务的当年价格计算的全部最终产品的市场价值。实际 GDP 指以某一时点的价格为基准计算出来的全部最终产品的市场价值。

名义 GDP 的变动可以由两方面引起：一是产量变动；二是价格变动。产量变动导致实际 GDP 变动，而价格变动仅仅导致名义 GDP 变动。实际 GDP 比名义 GDP 更能反映真实的经济福利水平。在理论上大多使用实际量，在统计上一般得到的是名义量，需要通过一定的方法来折算。这种折算方法就是使用 GDP 平减指数折算。

GDP 平减指数是名义 GDP 和实际 GDP 的比率。即：GDP 平减指数＝名义 GDP/实际 GDP。

3. 为什么最终产品的价值等于所有中间产品的增加值之和？

答：最终产品的价值与中间产品是密切相关的。每一个生产过程，除了转移前一阶段产品的中间价值之外，还会出现一个价值增值。这种生产过程一直进行下去，中间产品的价值增值不断累积，最后形成了最终产品的价值。即最终产品的价值等于所有中间产品增加值的总和。最终产品的价值＝∑中间产品增加值。

所以，GDP 也可以采取增加值的计算方法，即只计算在生产各阶段的增加值。

4. 存量与流量之间的关系是什么？

答：流量是指一定时期内发生的变量（动态数值）；存量则指一定时点上存在的变量（静态数值）。例如，投资是流量，资本是存量；国民收入是流量，国民财富是存量；一个国家的劳动力人数、受雇佣的人数是存量，而一定时间内新找到工作的人数或丢掉工作的人数是一个流量；货币供应量是流量，而货币流通量是存量；储蓄存折中存入量和支出量是流量，而储蓄余额则是存量。

当然，流量与存量之间也有着紧密的联系，流量来自于存量，流量又归于存量之中。即本期存量＝上期存量＋本期流量。

例如，人口总数是个存量，而人口出生数是流量；一定的人口出生数来自于一定的人口数，而新出生的人口数又计入人口总数；同理，一定的国民收入来自于一定的国民财富，而新创造的国民收入又计入国民财富中。

5. 说明 GNP 与 GDP 之间的关系。

答：GDP 是地域概念. 是指一个国家或地区的地域范围内所有生产出来的最终产品的价值总和。它是按照国土原则来计算的，不管是本国或本地区的公民，还是外国或外地区的公民，只要是在本国或本地区范围之内从事的生产活动，都计算在 GDP 之中。其计算范围包括：住在本国或本地区的具有本国或本地区国籍的公民；住在本国或本地区具有永久居住权的外国或外地区的移民；居住在本国或本地区的外国或外地区公民。

国民生产总值（Gross National Product，GNP）是按国民原则计算的，是指一定时期内一国或地区的国民（指具有永久居住权）所拥有的全部生产要素所生产出来的最终产品的市场价值总和。一国或地区的国民一般包括：住在本国或本地区的具有该国或地区国籍的公民；住在本国或本地区具有永久居住权的外国公民；居住在海外的本国或本国籍的公民。

GDP＝GNP－本国国民在国外创造的价值＋
　　外国国民在本国创造的价值
GNP＝GDP＋本国国民在国外创造的价值－
　　外国国民在本国创造的价值

6. 简述 GDP、NDP、NI、PI、DPI 之间的关系。

答：　　NDP＝GDP－折旧
　　　　NI＝NDP－间接税－企业转移支付＋政府补贴
　　　　PI＝NI－公司所得税－社会保险－未分配利润＋
　　　　　　政府对个人的转移支付
　　　　DPI＝PI－个人所得税及非税收性支付

7. 国民收入恒等式是什么？在两个部门、三个部门、四个部门之间的具体形式如何？

答：国民收入恒等式：总收入（Y）＝总支出（AE）

两部门：经济中只有企业和家庭两个部门，此时总收入为 $Y＝C＋I$，总支出为 $AE＝C＋S$；根据总收入与总支出相等得：$C＋I＝C＋S$，两边都消去 C，得 $I＝S$

同理，推导出三部门中的恒等式为：$I=S+(T-G)$

四部门中的恒等式为：$I=S+(T-G)+(M-X)$

8. 货币是如何在银行体系中创造出来的？

答：商业银行可以创造出货币来。商业银行可以创造存款有两个原因，第一，部分准备金制度。商业银行的准备金有法定准备金和超额准备金。法定准备金是指商业银行按照中央银行规定的"法定准备金率"对其所接受的存款按一定比例必须保有的金额；超额准备金是商业银行持有的超过法定准备金的部分，也称过度准备金。第二，非现金结算制度。在非现金结算制度下，所有经济（支付）往来均通过开出商业银行支票的形式，或转账的办法进行结算。只要在商业银行开立活期存款账户（可开支票的），则所有支付结算业务由银行来完成。因此，人们对现金的需要转而成为对存款的需要，商业银行由此具备了创造存款这一能力。如新增存款 100 万元，这一存款增加了商业银行可贷款项，当所有贷款都以支票的形式放在不同企业的账户上时，就形成了 M1。

9. 如果甲、乙两个国家合并成为一个国家，GDP 的总和有什么变化（假定两国的生产不变）？

答：如果甲乙两国合并成为一个国家，对 GDP 总和会有影响。原因如下。

（1）甲乙两国未合并为一个国家时，双方可能有贸易往来，但这种贸易只会影响甲国或乙国的 GDP，对两国的 GDP 总和不会有影响。

（2）合并以后甲乙两地区间的贸易会对总的 GDP 产生影响。

举例来说，甲国向乙国出口 10 台机器，价值 10 万美元，乙国向甲国出口 800 套服装，价值 8 万美元，从甲国看，计入 GDP 的净出口＝2万美元，计入乙国 GDP 的净出口＝－2 万美元；从两国 GDP 总和看，计入 GDP 的价值为零。如果这两个国家合并成为一个国家，两国间贸易变成两地区间的贸易。甲地区出售给乙地区 10 台机器，从收入看，甲地区增加 10 万美元。从支出看，乙地区增加 10 万美元。相反，乙地区出售给甲地区 800 套服装，从收入看，乙地区增加 8 万美元；从支出看，甲地区增加 8 万美元。由于甲乙两地同属一个国家，因此该国共收入 18 万美元，而投资加消费的支出也是 18 万美元。因此，无论从收入还是从支出看，计入 GDP 的价值都是 18 万美元。

所以，如果甲乙两国合并成一个国家，对 GDP 总和会有影响。

10. 社会保险税的增加对 GDP、NDP、NI、PI、DPI 这 5 个宏观总量中的哪个有影响？

答：社会保险税实质上是企业和职工为得到社会保障而支付的保险金，它由政府有关部门（一般是社会保险局）按一定比率以税收形式征收。社会保险税是从国民收入中扣除的，因此社会保险税的增加不影响 GDP、NDP 和 NI，但影响个人收入 PI，社会保险税增加也会减少个人收入，从而也从某种意义上会减少个人可支配收入 DPI。然而，社会保险税的增加并不直接影响可支配收入，因为一旦个人收入决定以后，只有个人所得税的变动才会影响个人可支配收入 DPI。

四、计算题

1. 假定一个国家某年进行了以下活动：第一，一个银矿公司支付 7.5 万元给矿工开采了 50 千克银卖给一银器制造商，售价是 10 万元；第二，银器制造商支付 5 万元工资给工人，造了一批项链卖给消费者，售价是 40 万元。分别求：a. 用最终产品生产法计算 GDP；b. 每个阶段增加了多少价值？用增值法计算 GDP；c. 工资和利润各为多少？用收入法计算 GDP。

解：a. 项链为最终产品，价值 40 万元。即用最终产品生产法计算 GDP 为 40 万元。

b. 开矿阶段生产 10 万元。$40-10=30$（万元），即银器制造阶段生产 30 万元，

两个阶段共增值 $10+30=40$（万元）

c. 生产活动中，所获工资共计：$7.5+5=12.5$（万元）

在生产活动中，所获利润共计：$(10-7.5)+(30-5)=27.5$（万元）

用收入法计得的 GDP 为：$12.5+27.5=40$（万元）

可见，用收入法、增值法和最终产品法计算的 GDP 是相同的。

2. 假设一个国家国内生产总值是 5 000，个人可支配收入是 4 100，政府预算赤字是 200，消费是 3 800，贸易赤字是 100，求储蓄、投资、政府支出分别是多少？

解：（1）用 S 代表储蓄，用 Y_d 代表个人可支配收入，$S=Y_d-C=4\ 100-3\ 800=300$

（2）用 I 代表投资，用 S_p，S_g，S_r 分别代表私人部门、政府部门和国外部门的储蓄；则 $S_g=T-G$，T 代表政府税收收入。$S_g=T-G=-200$

Sr 代表外国部门的储蓄，即外国的出口减去进口，对本国来说，则是进口减去出口，在本题中为 100。因此，$I=S_p+S_g+S_r=300-200+100=200$

（3）从 $GDP=C+I+G+X-M$ 中可知，政府支出 $G=5\ 000-3\ 800-200+100=1\ 100$

自测练习题

一、填空题

1. 边际储蓄倾向表示＿＿＿＿＿＿与＿＿＿＿＿＿之比。

2. 宏观财政政策包括＿＿＿＿＿＿政策和＿＿＿＿＿＿政策。

3. 消费函数表示＿＿＿＿＿＿和＿＿＿＿＿＿之间的函数关系。

4. 自动稳定器主要有＿＿＿＿＿、＿＿＿＿＿和＿＿＿＿＿。

5. 居民的可支配收入越高，储蓄就＿＿＿＿＿＿，储蓄函数的图形是一条向＿＿＿＿＿＿倾斜的曲线。

6. 有的投资不随着国民收入的变化而变化，这种投资称为＿＿＿＿＿＿。

7. 货币的需求包括＿＿＿＿＿、＿＿＿＿＿和＿＿＿＿＿。

8. 公开市场业务是＿＿＿＿＿＿通过在金融市场上买进或卖出＿＿＿＿＿＿，调节货币供应量进而影响利率的做法。

二、判断题（下面判断正确的在括号内打√，不正确的打 ×）

1. （　　）甲、乙两国合并成一个国家，即使两国产出不变，其 GDP 也不能与原来两国 GDP 之和相等。

2. （　　）农民生产并用于自己消费的粮食不应计入 GNP。

3. （　　）如果两个国家的国民生产总值相同，那么，他们的生活水平也就相同。

4. （　　）在进行国民收入核算时，政府为公务人员加薪，应视为政府购买。

5. （　　）住宅建筑支出属于耐用消费品支出。

6. （　　）货币需求意指私人部门赚钱的愿望。

7. （　　）再贴现率是一种主动性的货币政策工具。

8. （　　）一般来说，边际消费倾向介于 0 到 1 之间。

9. （　　）诱致性投资是由收入变化而导致的投资量。

10. （　　）个人收入即个人消费支出与储蓄之和。

三、选择题

1. 下面各选项的经济变量中（　　）不是流量。
   A. 收入　　　　　　　　　　B. 储蓄
   C. 货币需求量　　　　　　　D. 消费

2. 某国有企业为其总经理购买一辆汽车和该企业支付给总经理一笔钱让他为自己购买一辆汽车在国民收入账户中的区别在于（　　）。
   A. 前者使投资增加，后者使消费增加
   B. 前者使消费增加，后者使投资增加
   C. 前者使政府购买增加，后者使消费增加
   D. 前者使消费增加，后者使政府购买增加

3. 下列哪一项不属于转移支付？（　　）
   A. 退伍军人的津贴　　　　　B. 失业救济金
   C. 出售政府债券的收入　　　D. 贫困家庭的补贴

4. 下列产品中不属于中间产品的是（　　）。
   A. 某造船厂购进的钢材　　　B. 某造船厂购进的厂房
   C. 某面包店购进的面粉　　　D. 某服装厂购进的棉布

5. 如消费函数为一条向右上方倾斜的直线，则边际消费倾向（　　），平均消费倾向（　　）。

　　A. 递减；递减　　　　　　　　B. 递减；不变

　　C. 不变；不变　　　　　　　　D. 不变；递减

6. 属于紧缩性财政政策工具的是（　　）。

　　A. 减少政府支出和减少税收

　　B. 减少政府支出和增加税收

　　C. 增加政府支出和减少税收

　　D. 增加政府支出和增加税收

7. 货币政策影响经济的渠道之一是（　　）。

　　A. 直接影响收入　　　　　　　B. 改变资金的周转率

　　C. 直接影响价格　　　　　　　D. 改变借款的成本

8. 假定货币供给量不变，货币交易需求和预防需求的增加将导致货币的投机需求（　　）。

　　A. 增加　　　　　　　　　　　B. 不变

　　C. 减少　　　　　　　　　　　D. 不确定

9. 下面哪种情况不会引起货币供给量的增加？（　　）

　　A. 公众把央行的支票存入商业银行

　　B. 把央行的支票换成现金保留在手中

　　C. 央行购买政府债券

　　D. 公众把外汇、黄金兑换成本国货币存入银行

10. 下面哪种情况能增加投资？（　　）

　　A. 市场疲软　　　　　　　　　B. 产品成本上升

　　C. 宏观经济环境的改善　　　　D. 市场利率上升

四、简答与论述题

1. 怎样理解"产出等于收入"和"产出等于支出"？

2. 当你改变到附近酒店就餐的打算转而与朋友们举行温馨轻松的家庭宴会的时候，当你决定不去看电影而是在书房看书消磨你的周末的时候，甚至当你只是为了欣赏人行道旁繁茂的花草决定不乘公交车而步行回家的时候——你有没有想到你正使这个国家的GDP减少？

3. 货币需求动机包括哪几个方面？它对货币需求具有何种影响？

4. 请解释政府购买和转移支付之间的差别。每种情况举出两个例子。

五、计算题

1. 已知某经济体经济数据如表2-1所示。

表 2-1　　　　　　　　　　　　　　　　　　　　　　　　　亿元

消费	700	折旧	25
投资	500	间接税	100

续表

公司所得税	215	公司未分配利润	60
业主收入	250	净国外要素收入	−3
政府购买	300	利息	150
利润	250	转移支付	0
工资	700	社会保险金	0
净出口	275	个人所得税	165
租金	25		

（1）用支出法和收入法分别计算 GDP。

（2）计算 GNP、NDP、NI、PI、DPI。

2. 根据表 2-2 中假设的可支配收入和消费数据回答问题。

表 2-2　　　　　　　　　　　　　　　　　亿元

可支配收入	消费	边际消费倾向	平均消费倾向
0	700		
1 000	1 550		
2 000	2 400		
3 000	3 250		
4 000	4 100		
5 000	4 950		
6 000	5 800		
7 000	6 650		
8 000	7 500		

（1）计算在不同可支配收入水平下的边际消费倾向和平均消费倾向。

（2）在什么条件下，平均消费倾向 APC 和边际消费倾向 MPC 才总是相等的？

（3）说明平均消费倾向 APC 和边际消费倾向 MPC 的关系（提示：$C = C_0 + aY_d$）。

3. 假设收入逐年增加，消费函数为 $C = 0.8Y$；若收入下降，则边际消费倾向为 0.6。计算：

（1）收入为 500 时，消费是多少？平均消费倾向是多少？

（2）收入下降为 400 时，消费是多少？平均消费倾向是多少？

（3）比较收入下降和消费下降的百分比。

自测练习题答题要点

一、填空题

1. 储蓄增量　　收入增量

2. 财政支出　　财政收入

3. 消费支出　　可支配收入

4. 所得税　　转移支付　　农产品价格维持制度

5. 越多　　右上方

6. 自发投资

7. 货币的交易需求　　货币的谨慎（预防性）需求　　货币的投机需求

8. 中央银行　　政府债券

二、判断题（下列判断正确的在括号内打√，不正确的打×）

1. （√）【要点】根据 GDP 的含义。

2. （√）【要点】根据 GNP 的含义。

3. （×）【要点】国民生产总值不同的意义。

4. （√）【要点】根据政府购买的含义。

5. （×）【要点】住宅建筑属于投资。

6. （×）【要点】根据货币需求的含义。

7. （×）【要点】再贴现率的效果依赖于商业银行的反应。

8. （√）【要点】根据边际消费倾向的含义。

9. （√）【要点】根据诱致性投资的含义。

10. （×）【要点】根据个人收入的含义。

三、选择题

1. C【要点】根据流量和存量的含义。

2. A【要点】企业购买一辆汽车是投资，个人购买汽车计入消费。

3. C【要点】根据转移支付的含义。

4. B【要点】根据中间产品的含义。

5. D【要点】根据消费函数的表达式。

6. B【要点】根据财政政策工具的作用。

7. D【要点】央行通过变动贴现率的政策改变商业银行的借款成本。

8. C【要点】货币需求 $L=L_1+L_2$，L_1 的增加必会导致 L_2 的减少。

9. B【要点】根据货币创造的理论。

10. C【要点】其他三种情况均导致投资的减少。

四、问答与论述题

1. 怎样理解"产出等于收入"和"产出等于支出"？

答：（1）产出等于收入。所谓产出，就是当年生产的全部最终产品和劳务的市场价值总和，在这个总价值的构成中，一部分是要素成本（如利息、工资、租金等），一部分是非要素成本（如间接税、折旧等），它们最后分别成为家庭的收入、企业的收入和政府的收入。因为最终产品的总价格就等于要素成本和非要素成本之和，故产出等于收入。

（2）产出等于支出。所谓支出，是指各部门对本国最终产品发生的支出。由于无人购买或因购买力不足而积压在仓库里的存货视为企业自己将其"买下"的投资行为，故产出也必等于支出。

（3）产出、收入和支出，分别是从生产、分配和流通三个环节对同一最终产品和劳务的衡量，若不考虑统计误差的因素，三者必然是相等的，即用生产法、收入法和支出法核算的 GDP 必然是相等的。

2. 当你改变到附近酒店就餐的打算转而与朋友们举行温馨轻松的家庭宴会的时候，当你决定不去看电影而是在书房看书消磨你的周末的时候，甚至当你只是为了欣赏人行道旁繁茂的花草决定不乘公交车而步行回家的时候——你有没有想到你正使这个国家的 GDP 减少？

答： GDP 是指一个国家或地区在一定时期内生产出来的全部最终产品和劳务的市场价值总和。因此，"你"的三种举动会使 GDP 有所降低。因为你去酒店的就餐、你去看电影、你乘坐公交车都会增加社会消费，当你决定不去就餐、看电影、坐公交车则会减少社会消费。但是，有理由确信：较低的 GDP 并不必然地对应较低的福利水平。因为，GDP 中包含了许多和个人幸福无关的因素，许多对人们的福利水平有重大影响的因素又没有在其中得到反映。

3. 货币需求动机包括哪几个方面？它对货币需求具有何种影响？

答： 货币需求指人们在不同条件下出于各种考虑对持有货币的需求。英国著名经济学家凯恩斯（J. M. Keynes）于 1936 年在《就业、利息和货币通论》中将货币需求的动机分成三种：交易动机、预防动机和投机动机。

交易动机是为了日常交易而产生的持有货币的愿望，预防动机是为了应付紧急情况而产生的持有货币的愿望，投机性动机是根据对市场利率变化的预测，持有货币以便从中获利的动机。满足交易动机和预防动机的货币需求数量取决于国民收入水平的高低，并且是收入的增函数。投机动机的货币需求与市场利率负相关。很显然，当交易动机、预防动机和投机动机强烈时，人们对持有货币的需求就会增加。

4. 解释政府购买和转移支付之间的差别。每种情况举出两个例子。

答：（1）政府购买是指政府像消费者一样直接购买产品和服务。而转移支付则是政府将政府收入的一部分向特定人群进行转移，这个过程中没有商品或服务的交换。它们的区别是：政府购买计算在 GDP 中，而转移支付不计算在 GDP 之中。

（2）政府购买的例子和转移支付的例子：略。

五、计算题

1. 已知某经济体经济数据表如 2-1 所示。

表 2-1   亿元

消费	700	折旧	25
投资	500	间接税	100
公司所得税	215	公司未分配利润	60
业主收入	250	净国外要素收入	−3
政府购买	300	利息	150
利润	250	转移支付	0
工资	700	社会保险金	0
净出口	275	个人所得税	165
租金	25		

（1）用支出法和收入法分别计算 GDP。

（2）计算 GNP、NDP、NI、PI、DPI。

解：（1）支出法的 GDP＝消费＋投资＋政府购买＋净出口＝1 775

收入法的 GDP＝工资＋利息＋利润＋租金＋间接税＋公司所得税＋公司未分配利润＋业主收入＋折旧＝1 775

（2）GNP＝GDP−本国国民在国外创造的价值＋外国国民在本国创造的价值＝1 772

NDP＝GDP−折旧＝1 775−25＝1 750

NI＝NDP−间接税−企业转移支付＋政府补贴＝1 650

PI＝NI−公司所得税−社会保险−未分配利润＋政府对个人的转移支付＝1 375

DPI＝PI−个人所得税及非税收性支付＝1 210

2. 根据表 2-2 中假设的可支配收入和消费数据回答问题：

表 2-2   亿元

可支配收入	消费	边际消费倾向	平均消费倾向
0	700		

续表

可支配收入	消费	边际消费倾向	平均消费倾向
1 000	1 550		
2 000	2 400		
3 000	3 250		
4 000	4 100		
5 000	4 950		
6 000	5 800		
7 000	6 650		
8 000	7 500		

（1）计算在不同可支配收入水平下的边际消费倾向和平均消费倾向。

（2）在什么条件下，平均消费倾向 APC 和边际消费倾向 MPC 才总是相等的？

（3）说明平均消费倾向 APC 和边际消费倾向 MPC 的关系（提示：$C = C_0 + aY_d$）

解：（1）边际消费倾向 MPC：在所有的可支配收入水平下都为 0.85

平均消费倾向 APC 分别为：∞；1.55；1.20；1.08；1.03；0.99；0.97；0.95；0.94

（2）当消费函数是一条过原点的直线时，APC 与 MPC 才总是相等的。

（3）$APC = C/Y_d = C_0/Y_d + MPC$，而且随着可支配收入的增加，APC 逐渐减少并趋近于 MPC。

3. 假设收入逐年增加，消费函数为 $C = 0.8Y$；若收入下降，则边际消费倾向为 0.6。计算：

（1）收入为 500 时，消费是多少？平均消费倾向是多少？

（2）收入下降为 400 时，消费是多少？平均消费倾向是多少？

（3）比较收入下降和消费下降的百分比。

解：（1）根据已知消费函数 $C = 0.8Y$，当 $Y = 500$ 时，有

$$C = 0.8 \times 500 = 400$$

$$APC = 400/500 = 0.8$$

（2）根据相对收入假说，收入下降时消费变化服从短期消费曲线所揭示的规律。由已知，收入下降时，边际消费倾向为 0.6，可计算出自发性消费为

$$400 = C_0 + 0.6 \times 500$$

所以　　　　　　　　　　　$C_0 = 100$

$$C = 100 + 0.6 \times 400 = 340$$

$$APC = C/Y = 340/400 = 0.85$$

可见，由于收入下降，平均消费倾向提高。

(3) $$\Delta Y/Y = 100/500 = 4/20 = 20\%$$
$$\Delta C/C = 60/400 = 3/20 = 15\%$$

所以 $$\Delta C/C < \Delta Y/Y$$

考研真题汇总及答题要点

一、概念题

1. 国内生产总值（北京交通大学，2005；华中科技大学，2005；财政部财科所，2006；上海交通大学，2006）

指一个国家或地区领土范围内，本国或地区居民和外国居民在一定时期内所生产和提供的最终使用的产品和劳务的市场价值总和。GDP 一般通过支出法和收入法两种方法进行核算。用支出法计算的国内生产总值等于消费、投资、政府支出和净出口之和；用收入法计算的国内生产总值等于工资、利息、租金、利润、间接税和企业转移支付和折旧之和。GDP 是一个地域概念，而与此相联系的国民生产总值（GNP）则是一个国民概念，是指某国国民所拥有的全部生产要素所生产的最终产品的市场价值。

2. 国民生产总值（南开大学，2005；深圳大学，2005）

指某国国民所拥有的全部生产要素所生产的最终产品的市场价值，是本国常住居民生产的最终产品市场价值的总和，即无论劳动力和其他生产要素处于国内还是国外，只要本国国民生产的最终产品和劳务的价值都记入国民生产总值。

3. 转移支付（北京邮电大学，2010）

指政府或企业的一种并非购买商品和劳务而作的支付。它包括对非营利组织的慈善捐款、农产品价格补贴、公债利息等政府与企业支出的款项。这笔款项不计算在国民生产总值中，其原因在于这笔款项的支付不是为了购买商品和劳务，所以将其称作转移支付。转移支付是预算的一个组成部分。

4. 最终产品和中间产品（东北财经大学，2012）

最终产品指在核算期内不需要再继续加工、直接可供社会投资和消费的产品和劳务。中间产品是指在核算期间须进一步加工、目前还不能作为社会投资和消费的产品和劳务，包括各种原材料、燃料和动力。例如，服装是最终产品，可以直接消费，但用于服装生产的原材料，如棉布、棉纱等产品就是中间产品。必须说明的是某些产品，如煤炭、棉纱等，在核算期间没有参与生产而是以库存形式存在的这些产品也应理解为社会最终产品。

5. 边际储蓄倾向（Marginal Propensity to Save，MPS）（首都经贸大学，2004；上海财经大学，1998；东北财经大学，2006）

指收入增加一单位所引起的储蓄的变化。边际储蓄倾向可以表示为：

$$MPS=\frac{\Delta S}{\Delta Y}$$

其中：ΔY 表示收入的变化量，ΔS 表示储蓄的变化量。一般而言，边际储蓄倾向在 0 和 1 之间波动。因为全部新增收入要么用来消费，要么用来储蓄，所以边际储蓄倾向与边际消费倾向之和恒为 1。边际消费倾向可以说成是国民收入的储蓄倾向，也可以说是可支配收入储蓄倾向。

6. 边际消费倾向（Marginal Propensity to Consume，MPC）（武汉大学，2002；中南财经政法大学，2001；北京化工大学，2006；东北财经大学，2006）

边际消费倾向是指消费增加与增加的比例。用公式表示为：

$$MPC=\frac{\Delta C}{\Delta Y}$$

式中：ΔC 表示增加的消费，ΔY 代表增加的收入。一般而言，边际消费倾向在 0 和 1 之间波动。在宏观经济学中，任何增加的收入只有两个用途：消费和储蓄。所以，边际消费倾向与边际储蓄倾向之和必定为 1。

7. 财政政策（东北大学，2004；东北财经大学，2006）

政府变动税收和支出以便影响总需求进而影响就业和国民收入的政策。变动税收是指改变税率和税率结构。变动政府支出指改变政府对商品与劳务的购买支出及转移支付。它是利用政府预算（包括税收和政府支出）来影响总需求，从而达到稳定经济目的的宏观经济政策。从对经济发生作用的结果上看，财政政策分为扩张性的财政政策和紧缩性的财政政策。前者是指降低税率、增加转移支付、扩大政府支出，目的是刺激总需求，以降低失业率。后者则包括提高税率、减少转移支付、降低政府支出，以此抑制总需求的增加，进而遏制通货膨胀。财政政策是需求管理的一种主要手段。

8. 货币政策（东北财经大学，2006；华中科技大学，2006）

指中央银行变动货币供给量，影响利率和国民收入的政策措施。货币政策分为扩张性的和紧缩性的两种。扩张性的货币政策是通过提高货币供应增长速度来刺激总需求，在这种政策下，取得信贷更为容易，利息率会降低。因此，当总需求与经济的生产能力相比很低时，使用扩张性的货币政策最合适。紧缩性的货币政策是通过降低货币供应的增长率来降低总需求水平，在这种政策下，取得信贷较为困难，利息率也随之提高。因此，在通货膨胀较严重时，采用紧缩性的货币政策较合适。货币政策的工具有公开市场业务、再贴现率、法定准备率及道义上的劝告等措施。这些货币政策的工具作用的最终目标是实现稳定国民经济。

9. 流动偏好（华中科技大学，2004；北京邮电大学，2006）

指人们为应付日常开支、意外支出和进行投机活动而愿意持有现金的一种心理偏好。由约翰·梅纳德·凯恩斯（J. M. Keynes）于1936年在《就业、利息和货币通论》中提出。它根源于交易动机、预防动机和投机动机。由投机动机、预防动机引起的流动偏好所决定的货币需求与收入（Y）呈同方向变动，可以表示为 $L_1(Y)$；由投机动机引起的流动偏好所决定的货币需求与利率（r）呈反方向变动，故可以用 $L_2(r)$ 表示。这样，由流动偏好所决定的货币需求（L）就可以表示为：

$$L = L_1(Y) + L_2(r)$$

10. 流动性陷阱（中央财经大学，2004；武汉大学，2002；中国人民大学，2000；厦门大学，2006；北京邮电大学，2006；南京航空航天大学，2006；北方工业大学，2009；中央财经大学，2011）

流动性陷阱，又称凯恩斯陷阱或灵活陷阱，是指当利率水平极低时，人们对货币需求趋于无限大，货币当局即使增加货币供给也不能降低利率，从而不能增加投资引诱的一种经济状态。当利率极低时，有价证券的价格会达到很高，人们为了避免因有价证券价格跌落而遭受损失，几乎每个人都宁愿持有现金而不愿持有有价证券，这意味着货币需求会变得完全有弹性，人们对货币的需求量趋于无限大。在此情况下，货币供给的增加不会使利率下降，从而也就不会增加投资引诱和有效需求，当经济出现上述状态时，就称之为流动性陷阱。

11. 公开市场操作（业务）（北京航空航天大学，2004）

指中央银行在金融市场上出售或购入政府债券，特别是短期国库券以影响基础货币的活动。公开市场业务作为最主要的货币政策工具，具有几个明显的优越性：① 中央银行能够运用公开市场业务影响商业银行准备金，从而直接影响货币供应量；② 中央银行能够随时根据金融市场的变化，进行经常性、连续性的操作；③ 中央银行可以主动出击；④ 中央银行可以对货币供应量进行微调，不会像存款准备金的变动那样，产生过猛的影响。

12. 绿色 GDP（北京师范大学，2007）

是指一个国家或地区在考虑了包括土地、森林、矿产、水和海洋等在内的自然资源与环境因素影响之后经济活动的最终产品和劳务总价值，即将经济活动中所付出的资源耗减成本和环境降级成本从 GDP 中予以扣除。其计算结果称为"绿色 GDP"。绿色 GDP 指标，实质上代表了国民经济增长的净正效应。绿色 GDP 占 GDP 的比重越高，表明国民经济增长的正面效应越高，负面效应越低，反之亦然。

二、简答与论述题

1. GDP（国内生产总值）的缺陷有哪些？（北方工业大学，2009）用 GDP 衡量国民经济活动的缺陷是什么？（华中科技大学，2006）

答：GDP 是现代国际社会用来衡量各国经济发展水平的极为重要的标准。虽然 GDP 概念被普遍运用，但是它在衡量各国经济活动时，却并非一个完美无缺的标准。作为衡量一国经济水平的标准，这一指标存在以下缺陷。

（1）该指标统计中不计非市场交易活动，漏掉了一些劳务和商品。

因为 GDP 的统计数据基本是根据市场交换而获得的，对那些虽没有经过市场交换，但却对人们生活水平有重大影响的经济活动就不能通过 GDP 反映出来。例如，在一个自给自足程度较高的经济社会，其 GDP 数据一定低估了人们的实际生活水平。所以，由于每个国家的经济社会结构不同，GDP 便不能作为一个精确的衡量标准加以比较。另外，人们的休息、娱乐也是生活水平的一个重要组成部分，GDP 对此却没有反映。例如 GDP 的下降幅度不至于严重影响人们的物质生活水平。当减少劳动时间造成 GDP 这种下降时，人们可能会因获得更充足的休息时间而感到幸福。

（2）GDP 不能反映一个国家的产品和服务的结构和市场价格的变化。

比如两个国家的 GDP 相同，其中一个国家的经济活动主要在于制造导弹、武器等军用品；另外一个国家却主要在于建立学校教育设施、文化体育中心及公园等娱乐场所，则 GDP 无法对两者的差别作出反映。而这两个国家在产品和服务上结构的不同，对各自国家人民的生活影响很大。

（3）GDP 不能反映产品和服务的进步。该指标不能真实反映一国的经济发展水平和福利水平。如该指标高不见得人们生活更舒适。

由于 GDP 的数据是根据产品和服务的市场价格统计得来的，而生产技术水平进步可能会降低产品和服务的市场价值。因而，GDP 不能反映出这种技术水平的进步。例如，现在生产出来的汽车要比半个世纪以前生产的小汽车质量、性能都好得多，但由于社会生产力的提高，现在的生产成本可能比过去低得多，而 GDP 对此却无法反映出来。

（4）该指标不能说明社会为此付出的成本和代价，如无法反映环境污染等。

2. 试解释为什么不能用讨论货币交易需求的思路来分析货币的预防性需求。（北京大学，2003）

答：凯恩斯认为货币需求包括三个方面，即货币的交易需求、预防性需求和投机性需求。

货币的交易需求是指个人或企业需求货币是为了进行正常的交易活动所需要的货币量，决定于收入水平及惯例和商业制度，而惯例和商业制度在短期内一般可以假定为固定不变。按照凯恩斯的说法，出于交易动机的需求，主要决定于收入；预防性动机是指为预防意外支出而持有的一部分货币的动机，如个人或企业为应付事故、失业、疾病等意外事件而需要事先持有的一定数量货币。因此，如果说货币的交易需求产生于收入和支出之间缺乏同步性，则货币的预防需求产生于未来收入和支出的不确定性。这是不能用讨论货币交易需求的思路来分析货币的预防性需求的主要原因。

3. 如果家庭得知利息率在将来要上升，它将在消费决策时如何作出反应？（华中科技大学，2004）

答：利率上升对家庭的影响可以从两个方面考虑，即利率的收入效应和替代效应。利率的收入效应是指随着利率的上升，人们会减少储蓄，增加消费。因为利率上升，家庭的实际资产增加，家庭实际收入会增加，收入增加将导致家庭的消费增加。利率的替代效应是指随着利率的上升，人们会增加储蓄，减少消费。因为利率上升，相比较目前的消费和未来的消费而言（即储蓄），未来消费的收益增高，家庭会选择增加未来消费，减少当前消费。

利率的收入效应和替代效应产生的效果完全相反，从实际情况看，利率的替代效应强于收入效应，所以利率上升，家庭一般会增加储蓄，减少消费。但是这只是对于一般情况的分析，如果一个社会的收入水平很低，人们的收入仅能够温饱或略有剩余，这时即使再高的利率也难以使储蓄的比例增大。

4. 简述 GDP 与个人可支配收入的主要区别。（华东理工大学，2004）

答：（1）GDP 即国内生产总值，是指一国或地区内所拥有的生产要素在一定时期内（通常为一年）生产的全部最终产品（物品和劳务）的市场价值。个人可支配收入是指人们可以用来消费或储蓄的收入，即税后的个人收入。

（2）二者是不同的概念。一般来说，GDP 包括个人可支配收入。GDP 中扣除资本耗费可得到国内生产净值（NDP）。从 NDP 中扣除间接税和企业转移支付加政府补助金，就得到了国民收入（NI）。从 NI 中减去公司未分配利润、公司所得税及社会保险税，再加上政府给个人的转移支付可得到个人收入（PI）。而从 PI 中扣除个人所得税后，才是个人可支配收入。

5. 为什么说 GNP 不是反映一个国家福利水平的理想指标？（北京大学，1998）为什么说一国的 GDP 并不能完全反映该国的国民福利水平？（华东师范大学，2004）

答：（1）福利水平是人们效用的满足程度，而人们获得的效用来自消费活动和闲暇，所以一种指标是否很好地反映了福利水平，以能否准确地衡量消费和闲暇来决定。

（2）GDP 不能完全反映一国的国民福利水平，原因如下。

① GDP 包括了资本消耗的补偿，而这部分与消费和闲暇数量水平无关。

② GDP 包括净投资，而净投资的增加只会增加生产能力，从而增加未来的消费，这不仅不会增加本期消费，反而会减少本期消费。

③ GDP 中的政府支出与本期消费没有明确关系，如果政府支出的增加用于社会治安，这是社会治安恶化的反映，从而很难认为政府支出的增加提高了人们的福利水平。

④ 计算 GDP 时要加上出口，减去进口，但出口与国内消费无关，而进口与国内消费有关。

⑤ GDP 也没有反映人们闲暇的数量。

⑥ GDP 没有考虑地下经济，而地下经济与福利水平有着直接关系。

综上所述，GDP 不能很好地反映一国的福利水平。

6. 试评述国民收入核算理论，为什么要用绿色 GDP 替代 GDP？（北京师范大学，2006）

答：（1）诺贝尔经济学奖获得主萨缪尔森在《经济学》教科书中把 GDP 称作是 20 世纪最伟大的发明之一。GDP 是社会总产品价值扣除了中间投入价值后的余额，也就是当期新创造财富（包括有形和无形）的价值总量。由于 GDP 是以一个国家或地区所有经济单位的生产成果为对象进行核算的，它的核算覆盖国民经济所有行业，并具有国际上通用的核算原则与方法，是衡量国家之间、地区之间经济活动总量的国际通用语言。因此，GDP 是全世界通用的最重要的宏观经济指标，是一个国家和地区总体经济实力的根本体现，是国民经济宏观调控的重要参数，尤其是在政府制订经济政策、实行宏观监控及宏观经济分析方面具有重要意义。

但是，GDP 具有局限性：GDP 不能反映经济发展对资源环境所造成的负面影响；不能准确地反映经济增长质量；不能准确地反映一个国家或地区的财富变化；GDP 也不能反映某些重要的非市场经济活动；更不能反映一个国家和地区收入分配的差异和社会公平度。因此，GDP 不是万能的。

（2）1992 年里约会议之后，可持续发展观被世界各国政府广泛认同。人们普遍意识到需要对传统的国民经济核算体系进行修正，从传统意义上的 GDP 中扣除不属于真正财富积累的虚假部分，从而再现一个真实的、可行的、科学的指标，即"真实 GDP"，也就是人们所说的"绿色 GDP"，使其能更准确地说明增长与发展的数量表达和质量表达的对应关系。"绿色 GDP"这个指标实质上代表了国民经济增长的净的正效应。绿色GDP的比重越高，表明经济增长的正面效应越高，即为社会创造的财富越多，负面效应越低，即向生态环境索取资源、排放废物或破坏生态环境的情况越少。用绿色GDP替代传统的GDP可以较为真实地衡量经济发展的水平，衡量经济福利水平的提高程度，弥补传统GDP的不足。

7. 从国民收入核算的角度，说明"GDP快速增长，而居民可支配收入却增长缓慢"的可能性。（中山大学，2005）

答：（1）国民收入的核算方法。

国内生产总值被定义为经济社会（即一国或一地区）在一定时期内运用生产要素所生产的全部最终产品（物品和劳务）的市场价值。核算GDP可用生产法、支出法和收入法。常用的是后两种方法。

第一，用支出法核算GDP。

用支出法核算GDP，就是通过核算在一定时期内整个社会购买最终产品的总支出即最终产品的总价格来计量GDP。谁是最终产品的购买者呢，只要看谁是产品和劳务的最后使用者即可。在现实生活中，产品和劳务的最后使用，就是居民的消费、企业的投资、政府购买及出口。因此，用支出法核算GDP，就是核算经济社会（指一个国家或一个地区）在一定时期内消费、投资、政府购买及出口这几方面支出的总和。用支出法计算GDP的公式可写成：GDP＝$C＋I＋G＋（X－M）$。

第二，用收入法核算GDP。

收入法即用要素收入亦即企业生产成本核算国内生产总值。严格说来，最终产品市场价值除了生产要素收入构成的成本，还有间接税、折旧、公司未分配利润等内容。用收入法核算的国内生产总值包括以下一些项目。① 工资、利息和租金等这些生产要素的报酬。② 非公司企业主收入，如医生、律师、农民和小店铺主的收入。他们使用自己的资金，自我雇用，其工资、利息、利润、租金常混在一起作为非公司企业主收入。③ 公司税前利润，包括公司所得税、社会保险税、股东红利及公司未分配利润等。④ 企业转移支付及企业间接税。这些要通过产品价格转嫁给购买者。企业转移支付包括对非营利组织的社会慈善捐款和消费者呆账，企业间接税包括货物税或销售税、周转税。⑤ 资本折旧。它虽不是要素收入，但包括在总投资中，也应计入GDP。

这样，按收入法计得的国民总收入＝工资＋利息＋利润＋租金＋间接税和企业转移支付＋折旧。它和支出法计得出国内生产总值从理论上说是相等的。但实际核算中常有误差。因而，还要加上一个统计误差。

（2）"GDP快速增长，而居民可支配收入却增长缓慢"的可能性。

从我国经济发展的实际情况来看，GDP增长虽快，但是城乡居民可支配收入增长却落后于 GDP 的增长。出现这种情况的原因可以从以下几个方面来解释。

① 生产要素报酬意义上的国民收入并不会全部成为个人的收入。例如，利润收入中要缴纳公司所得税，公司还要留下一部分利润，只有一部分利润会以红利和股息形式分配给个人。职工收入中也有一部分要以社会保险费的形式上缴有关机构。另外，人们也会以各种形式从政府那里得到转移支付，如退伍军人津贴、工人失业救济金、职工养老金、职工困难补助等。因此，从国民收入中减公司未分配利润、公司所得税及社会保险税（费），加上政府给个人的转移支付，大体上得到个人收入。

个人收入不能全归个人支配，因为需缴纳个人所得税。个人可支配收入，即人们可用来消费或储蓄的收入。税后的个人收入才是个人可支配收入（DPI）。可见，个人可支配收入与国内生产总值的关系为：

国内生产总值＝个人可支配收入＋个人所得税＋公司未分配
利润＋公司所得税＋社会保险税－转移支付

从这个公式分析，在个人可支配收入增长缓慢的情况下，由于个人所得税、公司未分配利润、公司所得税和社会保险税的快速增长，完全有可能导致国内生产总值的快速增长。

② 从我国实际情况看，GDP 快速增长而居民可支配收入却增长缓慢的原因主要是国内消费需求不足，经济增长是靠国债和外贸两个外力支撑，从而表现出固定资产投资超常规增长，居民可支配收入和消费支出增长缓慢。最终导致居民可支配收入增长缓慢的情况下，GDP 仍获得快速增长。体现在支出法计算 GDP 的公式中：

$$GDP=C+I+G+(X-M)$$

在消费 C 增长缓慢的情况下，GDP 的快速增长源于投资 I 和净出口（X－M）的快速增长。

固定资产投资的快速增长已经成为扩大内需的主要因素。但是另一方面，必须注意到，固定资产投资的增长速度超过了 GDP 的增长速度，投资占 GDP 的比率已经达到了相当高的水平，以至于国民收入分配关系中的消费与积累的适度平衡出现了问题。进入 21 世纪之后，我国的投资占 GDP 的比率已经将近 40％ 的水平。

投资占 GDP 比率的攀升必然造成消费占 GDP 比率的逐步下降。消费下降的主要原因是居民收入增长的缓慢。连续多年我国居民的人均收入增长速度明显低于 GDP 的增长速度，这也是国民收入分配中存在的一个不容忽视的问题。20 世纪 90 年代后期出现的农村居民和城市低收入群体收入增长近乎停滞，更是需要我国政府认真解决的问题。在消费领域内，主要有两方面的问题：一是消费需求增长相对不足，2001 年上半年消费增长对 GDP 增长的贡献率不足 40％；二是不同收入阶层之间的收入差距进一步拉大，据统计，表征我国居民收入差距的基尼系数已经接近了国际公认的 0.4 的警戒线。这两个问题的存在十分不利于中长期有效需求的扩大。

8. 什么是"消费函数之谜"？（上海交通大学，2001）

答：凯恩斯之后的许多经济学家认为凯恩斯提出的绝对收入假说与实证研究不相符合，两者之间的矛盾称为"消费函数之谜"。

（1）凯恩斯所提出的绝对收入假说可以用标准的消费函数来表述，其公式为：

$$C = a + bY_d \quad (a > 0, 0 < b < 1)$$

该函数说明，消费是可支配收入 Y_d 的函数，其中，a 为自发消费，b 为边际消费倾向。将上式两边同时除以实际可支配收入 Y_d，就可以得出平均消费倾向 APC：

$$APC = \frac{C}{Y_d} = \frac{a}{Y_d} + b$$

可见，平均消费倾向 APC 大于边际消费倾向 b，根据绝对收入假说，随着可支配收入的增加，边际消费倾向是递减的；同时，自发消费占可支配收入比重也将减小，故平均消费倾向也是递减的。

（2）根据美国 1929—1941 年的逐年资料，消费函数是：$C = 47.6 + 0.73Y_d$（单位：10 亿美元）；但根据美国 1948—1988 年的逐年资料，消费函数变化为：$C = 0.917Y_d$。

显然，这一消费统计资料的结果与凯恩斯消费函数并不一致，首先，边际消费倾向并不是递减，而是递增；其次，短期边际消费倾向是波动的，而不是稳定的。

美国经济学家库茨涅兹研究了 1869—1933 年间每 30 年左右的长期消费资料，得出的结论：① 长期平均消费倾向是基本稳定的，而不下降；② 根据第二次世界大战前的资料所得出的平均消费倾向，与根据第二次世界大战后的资料所得出的平均消费倾向不一致。故可以得出，边际消费倾向不是下降而是上升了。第二次世界大战后，平均消费倾向和边际消费倾向是基本相等的。

（3）以上结论与凯恩斯的绝对收入假说都存在矛盾，这些矛盾称为"消费函数之谜"。经济学家正是在对"消费函数之谜"的解释中提出了各种消费理论。

9. 货币需求动机包括哪几个方面？它对货币需求具有何种影响？（武汉大学，2003）

答：（1）货币需求指人们在不同条件下出于各种考虑对持有货币的需求。凯恩斯将货币需求的动机分成三种：交易动机、预防动机和投机动机。

（2）交易动机是为了日常交易而产生的持有货币的愿望，预防动机是为了应付紧急情况而产生的持有货币的愿望，而投机性动机是人们根据对市场利率变化的预测，持有货币以便从中获利的动机。满足交易动机和预防动机的货币需求数量取决于国民收入水平的高低，并且是收入的增函数。投机动机的货币需求与市场利率负相关，很显然，当交易动机、预防动机和投机动机强烈时，人们对持有货币的需求就会增加。

10. 在宏观经济学中，影响一国总需求中的投资概念包括多种形式，如企业固定资产投资，以及人们对债券、股票的购买等。这种说法是否正确？（对外经济贸易大学，2007）

答： 不完全正确。

认为宏观经济学中，影响一国总需求中的投资概念包括多种形式，这是正确的。例如，投资包括固定资产投资、存货投资等；然而，将人们对债权、股票的购买认定为投资则是不正确的，人们购买债券只是把货币资产转化为债权和股权等金融资产，只是一种储蓄行为，并不能对总需求产生影响。

11. 2008 年以来我国中央银行连续采取了一系列的货币政策，采取这些政策的背景是什么？（北方工业大学，2009）

答： 我国中央银行在 2008 年根据经济形势，采取了先从紧，后宽松的一系列货币政策，采取这些政策的背景是：上半年我国经济存在通货膨胀的压力，而下半年国际金融危机影响扩大使得我国产生了衰退的迹象。

中央银行使用的工具包括：① 调整存款准备率；② 调整存贷款利率；③ 公开市场操作；④ 调整对房地产等行业贷款。

12. 2003 年中国人民银行将商业银行法定准备金率从 3% 提高到 7%，那么理论上的货币乘数会发生什么变化？这在西方国家是实施货币政策的常用手段吗？试简单分析央行的意图和可能的效果。（北京航空航天大学，2004）

答：（1）根据货币乘数公式，货币乘数＝法定准备金率的倒数，所以，法定准备金率的上升会降低了货币乘数，进而可以实现降低货币量的目标。

（2）银行准备率是银行准备金对存款的比例，改变法定准备率被认为是一项强有力的手段，这种手段由于影响太强烈而不常使用。由于改变法定存款准备金率作用范围太大，并且对所有金融机构的影响都相同，在西方国家一般都不采用改变法定存款准备金率这个货币政策工具。

（3）2003 年中央银行调高存款准备金率，是根据对我国当时经济形势分析结果做出的货币政策。2003 年开始，我国的投资需求开始猛增，在个别行业中出现了经济过热的情况，同时商业银行对这些行业的贷款过于集中，存在较大的风险。从货币供应量看，2003 年我国货币供应量远远高于预期水平，货币供应量的增加可能导致物价的上涨，从而引起通货膨胀。中央银行提高存款准备金率，就是为了控制商业银行的贷款规模，从而降低投资需求，防止经济的过热。

（4）事实上，从效果方面看，存款准备金率提高以后，商业银行已经减少了对某些过热行业的贷款。

13. 说明货币政策的含义及其局限性。（华中科技大学，2005）

答：货币政策是中央银行通过改变货币供给量以影响利率、从而调节投资需求和总需求的政策工具。货币政策能够影响到许多金融变量和经济变量，如利率、股价、房地产价格、汇率等，但中心是控制货币的供给量。

一般来说，通货膨胀时期，实行紧缩的货币政策的效果显著。但是在经济衰退时期，实行扩张的货币政策效果不显著，这是因为当厂商对经济前景悲观时，即使央行放松银根，降低利率，投资者也不愿意增加贷款，银行也不肯轻易借贷。尤其是遇到流动性陷阱时，货币政策效果更是有限。经济衰退时，货币流通速度下降，增加的货币供给会被放慢的流通速度所抵消。所以，人们形象地将货币政策比喻为"缰绳"，可以有效地"拉住"经济过热，但却无法"推动"经济增长。

货币政策还有个时滞问题，即货币政策实施以后并不是马上产生效果，从实施到奏效需要一定的时间。如果从对经济形势的认识，到政策的制订，再到政策的实施，以及到发挥作用的全部时间全部考察进来，可把货币的政策时滞分为三种。第一，认识时滞。指经济中已发生通货膨胀或萧条，需要采取政策措施到中央银行真正认识到这一点所需要的时间。第二，决策时滞。指从认识到需要采取货币政策到货币政策出台并付诸实施的时间滞差。第三，奏效时滞。指采取货币政策措施到货币政策措施对经济活动产生直接的影响并取得效果的时间滞差。

14. 简述宏观经济政策的目标及其工具。（华中师范大学，2007）

答：宏观经济政策的目标有四种。① 充分就业。指一切生产要素（包含劳动）都有机会以自己愿意的报酬参加生产的状态。② 价格稳定。指价格总水平的稳定。③ 经济持续均衡增长。经济增长是指在一个特定时期内经济社会所生产的人均产量和人均收入的持续增长。④ 国际收支平衡。

要实现既定的经济政策目标，政府运用的各种政策手段，必须相互配合，协调一致。主要包括：财政政策工具和货币政策工具。

（1）财政政策工具包括政府购买、转移支付、税收和公债等。

① 变动政府购买支出水平是财政政策的有力手段。在总支出水平过低时，政府可以提高购买支出水平，增加社会整体需求水平。反之，当总支出水平过高时，政府可以采取减少购买支出的政策，降低社会总体需求，以此来抑制通货膨胀。

② 转移支付。在总支出水平过低时，政府可以提高转移支付水平，增加社会整体需求水平。反之，当总支出水平过高时，政府可以采取减少转移支付的政策，降低社会总体需求，以此来抑制通货膨胀。但转移支付增加社会总需求的作用小于政府购买支出增加。

③ 税收是政府收入中最主要部分，它是国家为了实现其职能按照法律预先规定的标准，强制地、无偿地取得财政收入的一种手段，正因为如此，税收可作为实行财政政策的有力手段之一。

④ 公债是政府对公众的债务，或公众对政府的债权，是政府运用信用形式筹集财政资金的特殊形式，政府公债的发行，一方面能增加财政收入，影响财政收支；另一方面又能影响货币的供求，从而调节社会总需求水平。

（2）货币政策工具主要包括再贴现率政策、公开市场业务、法定准备率等。

① 再贴现率政策。贴现率政策是中央银行通过变动给商业银行及其他存款机构的贷款利率来调节货币供应量。贴现率提高，商业银行向中央银行借款就会减少，从而货币供给量就会减少；反之，货币供给量就会增加。

② 公开市场业务。公开市场业务是指中央银行在金融市场上公开买卖政府债券以控制货币供给和利率的政策行为，是目前中央控制货币供给最重要也是最常用的工具。运用这种政策手段有着比用其他手段更多的灵活性。

③ 法定准备率。中央银行有权决定商业银行和其他存款机构的法定准备率，如果中央银行认为需要增加货币供给，就可以降低法定准备率，使所有的存款机构对每一笔客户的存款只要留出更少的准备金。

④ 货币政策除了以上三种主要工具，还有一些其他工具，如道义劝告等。所谓道义劝告指中央银行运用自己在金融体系中的特殊地位和威望，通过对银行及其他金融机构的劝告，影响其贷款和投资方向，以达到控制信用的目的。

三、计算题

1. 假设在一个三部门经济中，政府购买和政府税收分别是 500 亿美元和 400 亿美元，投资为 200 亿美元，消费中自发消费部分为 100 亿美元，边际消费倾向为 0.9，求：（1）均衡国民收入水平；（2）政府购买乘数。（北方工业大学，2009）

解：根据已知条件，可得消费函数为 $C=100+0.9Y_d$

已知 $I=200$，$G=500$，$T=400$

得：国民收入决定公式为 $Y=C+I+G=100+0.9Y_d+I+G$

解得：均衡国民收入为：$Y=4\ 400$

$$政府购买乘数 = \frac{1}{1-\beta} = \frac{1}{1-0.9} = 10$$

2. 已知某国的消费为 $C=80+0.8Y_d$；投资 $I=200$；政府购买 $G=100$，政府税收 $T=60$（单位都为亿元）。请计算：

(1) 均衡国民收入、可支配收入、政府购买乘数；

(2) 为实现充分就业国民收入 1 960 亿元，政府购买应调整为多少？（北方工业大学，2011）

解：(1) 根据均衡国民收入公式：$Y=C+I+G=80+0.8Y_d+I+G$

得 $$Y=1\ 160$$

进而得可支配收入 $Y_d=1\ 100$

$$政府购买乘数=\frac{1}{1-\beta}=\frac{1}{1-0.8}=5$$

(2) 根据已知条件，得 $1\ 960-1\ 160=800$

政府需增加支出：$800/5=160$

即政府购买应调整为 $100+160=260$

第3章

总需求分析：
IS-LM 模型

学习要求及重点

1. 学习要求

• 了解简单经济关系和均衡收入；简单国民收入决定模型；乘数理论；产品市场均衡和货币市场均衡；货币政策和财政政策的效果。

• 理解简单国民收入决定模型；IS 曲线、LM 曲线的推导；利率在产品市场和货币市场的一般均衡中的作用；财政政策效果的 IS-LM 图形分析；货币政策效果的 IS-LM 图形分析。

• 掌握 IS 曲线、LM 曲线和 IS-LM 模型；挤出效应及产生挤出效应的机理；用 IS-LM 模型分析财政政策和货币政策的有效性。

2. 学习重点

• 国民收入决定模型；乘数理论；IS 曲线及其推导、IS 曲线的斜率、IS 曲线的移动。

• LM 曲线及其推导、LM 曲线的斜率、LM 曲线的移动。

• 货币市场和产品市场的同时均衡、均衡利率和均衡收入的变动。

• 财政政策效果的 IS-LM 图形分析、挤出效应、货币政策效果的 IS-LM 图形分析、两种政策的混合使用。

汉英关键词汇对照及定义

1. 均衡国民收入（Equilibrium NI）：指计划总需求与计划产出相等时的国民收入。

2. 潜在国民收入（Potential NI）：是指利用社会上一切资源所能

生产的产品和劳务的价值总和，即实现了充分就业的国民收入，又称为潜在收入。

3. 实际国民收入（Real or Actual NI）：是指核算出的国民收入，简称实际收入。

4. 乘数原理（Multiplier Principle）：指某种影响国民收入的因素变化，会导致国民收入有更大的变化。一般来说，收入的变动与影响因素变动的倍数，这就是乘数效应。

5. 乘数（Multiplier）：指收入变动量与影响因素变动量的比值。

6. 平均预算乘数（Balanced Budget Multiplier）：指政府收入和支出同时以相等数量增加或减少时，国民收入变动与政府收支变动的比率。

7. 产品市场均衡（Product Market Equilibrium）：是指产品市场上总产出与总支出相等。IS 曲线是产品市场均衡模型。

8. 货币市场均衡（Monetary Market Equilibrium）：指货币需求等于货币供给的状态。LM 曲线是货币市场均衡模型。

9. 财政政策效果（The Effects of Fiscal Policy）：是指政府收支变化对国民收入变动影响的大小，其效果取决于 IS 曲线和 LM 曲线的倾斜程度。

10. 挤出效应（Extrusion Effect）：狭义来说，是指政府支出增加所引起的私人投资减少。更广义地讲，挤出效应可以指一种需求的增加引起另一种需求的减少。

11. 货币政策效果（The Effects of Monetary Policy）：是指货币供给量的变化对国民收入变动影响的大小，其效果取决于 IS 曲线和 LM 曲线的倾斜程度。

核 心 内 容

1. 凯恩斯的国民收入决定的分析是在所谓"萧条经济"的背景下展开的。在"萧条经济"的条件下，需求决定供给（凯恩斯定律）。因此，经济社会能够以不变的价格水平提供与总需求相当的供给量。假定企业投资是自主的，即不随利率和产量变动。

2. 均衡国民收入的条件就是产品市场的均衡条件。一般地，这个条件可以表述为"总需求等于总供给"，在不同的经济状况下又有不同的具体形式。

两部门经济：$i=s$ （或 $y=c+i$）

三部门经济：$i+g=s+t$ （或 $y=c+i+g$）

四部门经济：$i+g+x=s+t+m$ （或 $y=c+i+g+x-m$）

这三个均衡条件在形式上是有规律的：等号的左边都是"总注

入"，右边都是"总漏出"；括号内与之等价的三个等式，等号左边的 y 代表"总供给"，右边各项的和代表"总需求"或"合意的总支出"。在任何情况下，只要"总注入"等于"总漏出"，同时也是"总供给"等于"总需求"，即宏观经济是均衡的，此时的收入（产出）也就是均衡的收入（产出）。

3. 收入－支出模型（45°线模型）是本章分析国民收入决定问题的核心模型，其实质是"总需求（或合意的总支出）等于总供给"这一均衡条件的几何表达。在消费函数和储蓄函数的基础上，将消费、投资或储蓄代入均衡国民收入的条件，得到国民收入；或者在收入－支出模型中找到总支出曲线与 45°线的交点，同样可以确定均衡国民收入水平。

4. 乘数概念首先由卡恩提出，凯恩斯将其推广到了国民收入领域，提出了投资乘数理论。在凯恩斯的就业理论中，乘数理论具有重要地位。在非充分就业的背景下，投资、政府购买及其他一些变量的变化将会导致国民收入出现多倍的变动，这个倍数就是乘数。投资乘数的大小与边际消费倾向有关，边际消费倾向越大，乘数越大。投资乘数表明，当投资增加时，国民收入会成倍增加；反之，投资减少时，国民收入会成倍减少。

两部门经济关系中，有消费乘数和投资乘数；三部门经济中，有消费乘数、投资乘数、政府购买乘数、转移支付乘数、税收乘数、平衡预算乘数等；四部门经济中，则有消费乘数、投资乘数、政府购买乘数、转移支付乘数、税收乘数等外，还有出口乘数和进口乘数。

5. 在简单国民收入决定的分析中，投资需求和利率之间表现为反向变化的关系。只有将产品市场和货币市场结合起来，才能够确定均衡的利率和投资，才能够确定均衡产出的水平是多少。

6. IS 曲线表示在产品市场均衡前提下的收入和利率之间的关系。在纵轴为利率、横轴为收入的坐标系中，该曲线具有负斜率，曲线上的任何一个点对应的收入和利率的组合都能保证产品市场的均衡。该曲线的位置受到财政政策的影响，膨胀性的财政政策会使 IS 曲线向右移，紧缩性的财政政策会使 IS 曲线向左移。

7. LM 曲线表示在货币市场均衡前提下的收入和利率的关系。在纵轴为利率、横轴为收入的坐标系中，它是一条向右上方倾斜的曲线，曲线上的任何一个点对应的收入和利率组合都能保证货币市场的均衡。该曲线的位置受到货币政策的影响，扩张性的货币政策会使该曲线向右移，紧缩性的货币政策会使该曲线向左移。

8. 将 IS 曲线和 LM 曲线放在一个纵轴为利率、横轴为收入的坐标系中，就得到一个完整的 IS-LM 模型。由于 IS 是产品市场的均衡线，而 LM 则是货币市场的均衡线。因此，在 IS 和 LM 相交的地方，也就是在两个市场一般均衡的时候，有一个均衡收入和均衡利率被决定。但须注意的是，IS-LM 的均衡点并不一定是令人满意的，它有可能是一种萧条的均衡。如果是这样，就需要动用宏观经济政策移动 IS 曲线或 LM 曲线，以使宏观经济实现充分就业的均衡。

9. 凯恩斯宏观经济理论的核心是有效需求不足理论。凯恩斯认为，由于边际消费倾向递减、资本的边际效率递减及流动偏好的存在，消费和投资都是不足的。由此造成的有效需求不足，就会使资本主义经济出现非自愿失业和萧条。为解决这个问题，政府的干预是必要的。政府必须动用财政或货币政策（主要是财政政策）调节经济，以保证充分就业的实现。

"练习及思考" 精解

一、填空题

1. 凯恩斯定律指不论<u>需求量</u>是多少，厂商都能以不变的价格提供相应的<u>供应量</u>。

2. 凯恩斯认为，影响有效需求的主要有三个心理因素：<u>边际消费倾向递减</u>、<u>资本边际效率递减</u>和<u>流动偏好</u>。

3. 潜在的国民收入指利用社会上一切资源所能生产出来的产品和劳务的价值总和，即实现了<u>充分就业</u>的国民收入，简称潜在收入。

4. 两部门经济中有两个部门：<u>家庭</u>和<u>企业</u>。三个市场：<u>要素市场</u>、<u>商品市场</u>和<u>金融市场</u>。

5. 根据乘数原理，某种影响国民收入的因素变化，会导致<u>国民收入</u>有更大的变动。

6. 投资乘数大小与<u>边际消费倾向</u>有关。<u>边际消费倾向</u>越大，乘数也越大。

二、判断题 （下面判断正确的在括号内打√，不正确的打×）

1. （×）投资乘数大小与边际储蓄倾向有关，边际储蓄倾向越大，乘数也越大。

2. （×）均衡国民收入一定等于潜在国民收入。

3. （×）转移支付乘数等于政府购买乘数，因为二者都属于政府支出。

4. （×）当政府增加税收时，为了实现平衡预算，同时增加等额于税收的政府购买支出，则国民收入会不增不减。

5. （×）产品市场均衡时，计划的投资等于计划储蓄。

6. （×）LM 曲线是用来分析货币市场均衡的。

三、选择题

1. 在两部门经济中，如果自发消费为 300 亿元，投资为 400 亿元，边际储蓄倾向为 0.1，则均衡收入水平为 （D）。

    A. 700 亿元　　　　　　　　B. 4 300 亿元

    C. 3 400 亿元　　　　　　　D. 7 000 亿元

2. 以下四种情况中，投资乘数最大的是 （D）。

    A. 边际消费倾向为 0.6　　　B. 边际储蓄倾向为 0.3

    C. 边际消费倾向为 0.4　　　D. 边际储蓄倾向为 0.1

3. 如果投资增加 150 亿元，边际消费倾向等于 0.8，则均衡收入水平将增加 （C）。

    A. 150 亿元　　　　　　　　B. 600 亿元

    C. 750 亿元　　　　　　　　D. 450 亿元

4. 下面哪条曲线是用来分析产品市场均衡的？（A）

    A. IS 曲线　　　　　　　　 B. LM 曲线

    C. IS 曲线和 LM 曲线　　　 D. M/P 曲线

5. LM 曲线是用来分析 （C）。

    A. 劳动市场均衡　　　　　　B. 产品市场均衡

    C. 货币市场均衡　　　　　　D. 消费市场均衡

6. 流动性偏好陷阱 （D）。

    A. 财政政策有效　　　　　　B. 货币政策有效

    C. 财政政策无效　　　　　　D. 货币政策无效

7. 如果自主投资增加，会引起下面哪条曲线的移动？（A）

    A. IS 曲线　　　　　　　　 B. LM 曲线

    C. IS 曲线和 LM 曲线　　　 D. M/P 曲线

8. "加大政府支出或者降低税收，LM 曲线会向右上方移动。" 这句话 （B）。

    A. 对　　　　　　　　　　　B. 错

    C. 根据不同条件而定　　　　D. 有时候对，有时候错

9. 向右下方移动 LM 曲线意味着 （D）。

    A. 实行紧缩的财政政策　　　B. 实行紧缩的货币政策

    C. 实行积极的财政政策　　　D. 实行膨胀的货币政策

10. 克服通货膨胀最有效的经济政策是 （B）。

    A. 膨胀的货币政策　　　　　B. 紧缩的货币政策

    C. 积极的财政政策　　　　　D. 紧缩的财政政策

11. 如果产品市场供大于求，货币市场供不应求，则通过 IS-LM 分析 （A）。

    A. 收入会下降　　　　　　　B. 收入会上升

    C. 利率会下降　　　　　　　D. 利率会上升

12. 经济严重萧条时候，政府应该采用 （B）。

    A. 积极财政政策和紧缩货币政策

    B. 积极财政政策和积极货币政策

C. 紧缩货币政策和紧缩财政政策

D. 紧缩财政政策和积极货币政策

13. "紧缩性财政政策和膨胀性货币政策"适用于（D）。

　　A. 严重萧条　　　　　　　　B. 不太严重的萧条

　　C. 严重通货膨胀　　　　　　D. 不太严重的通货膨胀

14. 挤出效应与下面哪个因素有关？（A）

　　A. 投资需求对利率的敏感程度 B. 政府转移支付乘数

　　C. 政府税收乘数　　　　　　D. 消费市场均衡

15. 如果 IS 曲线陡峭，LM 曲线平缓，则（A）。

　　A. 财政政策效果大而货币政策效果小

　　B. 财政政策效果小而货币政策效果大

　　C. 财政政策和货币政策效果都大

　　D. 财政政策和货币政策效果都小

四、问答与论述题

1. 什么是 IS 曲线？其斜率是什么？在什么条件下，该曲线发生移动？

答：（1）IS 曲线是一条反映利率和收入之间函数关系的曲线，这条曲线上任意一点都满足投资（i）等于储蓄（s）这一关系，故称为 IS 曲线。

（2）在两部门均衡收入决定模型中，投资被看成利率的函数，即 $i=e-dr$，其中 e 表示自主投资，r 表示利率，d 为利率系数；储蓄也被看成利率的函数，即 $s=-a+(1-\beta)y$；由此可得 $r=(a+e)/d-(1-\beta)/dy$，可得 $dr/dy=-(1-\beta)/d<0$，即 IS 曲线的斜率为负，y 和 r 之间具有反向关系，斜率既取决于 β，也取决 d。

① d 是投资需求对利率变动的反应程度，它表示利率变动一定幅度时投资变动的程度。如果 d 的值较大，即投资对于利率变化比较敏感，IS 曲线斜率的绝对值就较小，即 IS 曲线较平缓；反之，如果 d 的值较小，即投资对于利率变化较不敏感，IS 曲线斜率的绝对值就较大，即 IS 曲线较陡峭。

② β 是边际消费倾向，如果 β 较大，IS 曲线斜率的绝对值也会较小，这是因为，β 较大，意味着支出乘数较大，从而当利率变动引起投资变动时，收入会以较大幅度变动，因而 IS 曲线就比较平缓。反之，则 IS 曲线较为陡峭。

影响 IS 曲线斜率大小的，主要是投资对利率的敏感度，原因是边际消费倾向比较稳定。

（3）IS 曲线的移动。

在两部门经济中，投资函数或者储蓄函数变动都会引起 IS 曲线移动。当投资需求增加，IS 曲线将向右平移；反之，则向左平移。当储蓄增加，IS 曲线将向左平移；反之，IS 曲线向右平移。

在三部门经济中，增加政府购买性支出，其作用相当于增加投资支出。因此，会使IS曲线向右平行移动；反之，则引起IS曲线向左平移。当政府增加税收时，企业用于投资的资源减少，IS曲线将向左平移；反之，IS曲线向右平移。

2. 影响挤出效应的主要因素有哪些？

答：挤出效应的大小取决于以下四个因素。

（1）政府购买支出乘数的大小。该乘数越大，政府支出所引起的产出增加虽然越多，但利率提高使投资减少所引起的国民收入减少也越多，即"挤出效应"越大。

（2）货币需求对产出变动的敏感程度。即货币需求函数中k的大小。k越大，政府支出增加引起的一定量产出水平增加所导致的货币需求（交易需求）的增加也越大，因此引起的利率上升也越多，从而"挤出效应"也就越大。

（3）货币需求对利率变动的敏感程度。即货币需求函数中h的大小，也就是货币需求的利率系数的大小。如果这一系数越小，说明货币需求稍有变动，就会引起利率大幅度变动，因此政府支出增加引起货币需求增加所导致的利率上升就越多，对投资的"挤占"也就越多；相反，如果h越大，则"挤出效应"就越小。

（4）投资需求对利率变动的敏感程度，即投资的利率系数的大小。投资的利率系数越大，则一定量利率水平的变动对投资水平的影响就越大。因而"挤出效应"就越大；反之，则"挤出效应"就越小。

3. 请画图说明在IS-LM模型中，均衡利率和均衡国民收入是如何决定的。

答：IS曲线表示产品市场均衡，向右下方倾斜；LM曲线表示货币市场均衡，向右上方倾斜。二者的交点上实现了产品市场和货币市场同时均衡。这一点上的利率和国民收入就是均衡的利率和均衡的国民收入。这一点以外的任何一点都是非均衡的。

图3-1中，E点就是均衡点，在该点上实现了产品市场和货币市

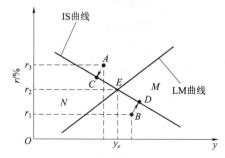

图3-1 *IS-LM*模型中的非均衡情况

场同时均衡。此时的利率是均衡利率，此时的国民收入是均衡国民收入。除了 E 点外，其他任何点都是非均衡的，其国民收入和利率都是非均衡的利率和国民收入。

以图中 A 点为例，在该点上，货币市场和产品市场都没有实现均衡。该点上就产品市场而言，利率较高，企业投资成本较大，企业投资减少，投资小于储蓄，国民收入减少。当国民收入减少时，A 点向左移动。在货币市场上，A 点的货币需求小于货币供给，引起利率降低。当利率降低时，引起 A 点向下移动。两方面力量的共同作用下，A 点最终会移动到 E 点，最终实现两个市场的同时均衡，也就实现了利率和国民收入的均衡。

图中 B，C，M，N 各点情况雷同，此处略。请读者自己分析。

4. 画图说明，积极财政政策对均衡利率和均衡国民收入是如何决定的。

答： 图略（可参见《宏观经济学教程》第 78 页图 3-18）

IS 曲线表示产品市场均衡，向右下方倾斜；LM 曲线表示货币市场均衡，向右上方倾斜。二者的交点上实现了产品市场和货币市场同时均衡。但两个市场同时均衡，并不表示一定能够实现充分就业。为了实现充分就业，仅靠市场的自发调节是无法实现的，需要国家通过财政政策或货币政策进行调节，即通过移动 IS 曲线或 LM 曲线，来实现充分就业的均衡。

如果实行积极的财政政策，IS 曲线会向右上方移动。假设 LM 曲线保持不变。向右上方移动后的 IS 曲线会与 LM 曲线产生新的均衡，新均衡点上的均衡收入和均衡利率大于原有的均衡收入和均衡利率。这是因为，增加政府购买支出或者降低税收，会引起社会总需求增加。这样，一则促进了生产，解决了失业问题；二则，国民收入增加扩大了货币的交易需求，进而引起了利率提高。

五、计算题

1. 假如某两部门经济社会的消费函数为 $c=100+0.8y$，投资为 50 单位。试计算均衡收入、消费和储蓄。

解： 根据 $\begin{cases} y=c+i & \text{（均衡表达式）} \\ c=\alpha+\beta y & \text{（消费函数）} \\ i=i_0 & \text{（投资函数）} \end{cases}$

得 $y=c+i=\alpha+\beta y+i=100+0.8y+50$

得 $y=750$

将 $y=750$ 代入 $c=100+0.8y$，得 $c=700$，

$s=y-c=50$

2. 在某三部门经济中，消费函数 $c=100+0.75y_d$，投资 $i=150$，政府购买 $g=130$，税收 $T=160$（单位都是亿元），试求：（a）均衡国民收入；（b）投资乘数、政府购买乘数、税收乘数。

解：（a）根据
$$\begin{cases} y=c+i+g \text{（均衡表达式）} \\ c=\alpha+\beta y_d \text{（消费函数）} \\ i=i_0 \text{（投资函数）} \\ g=g_0 \text{（政府购买支出函数）} \end{cases}$$

设均衡收入为 y，根据题意，居民的可支配收入为 $y_d=y-160$，求得消费函数为 $c=100+0.75(y-160)=-20+0.75y$。将消费、投资和政府购买代入均衡条件 $y=c+i+g$ 表达式，有 $y=-20+0.75y+150+130$，可得均衡收入 $y=1\,040$（亿元）。

（b）解得投资乘数 $K_i=1/(1-\beta)=5$

政府购买乘数 $K_g=1/(1-\beta)=5$

政府税收乘数 $K_t=-\beta/(1-\beta)=-4$

3. 设货币需求函数 $L=0.2y-3r$，货币供给量为 200，消费函数 $c=200+0.8y_d$，投资函数 $i=100-4r$，政府购买 $g=140$（单位都是亿元），试求：（a）IS 曲线和 LM 曲线的表达式；（b）均衡收入、均衡利率。

解：（a）将消费函数和投资函数代入 $y=c+i$，有：

$y=200+0.8y_d+100-4r+140=440+0.8y-4r$，

整理得 IS 曲线的表达式为：$y=2\,200-20r$，或者 $r=110-\dfrac{y}{20}$

当货币市场均衡时，货币需求等于货币供给，即满足 $m=L$，代入有：$0.2y-3r=200$，得到 LM 曲线表达式：$y=1\,000+15r$，或者 $r=-\dfrac{200}{3}+\dfrac{1}{15}y$。

（b）联立 IS 曲线和 LM 曲线，解得：$r=34.29$　$y=1\,514.35$

自测练习题

一、填空题

1. 在简单的国民收入决定模型中，消费减少，国民收入将会_____；储蓄减少，国民收入将会_____。

2. 一般而言，_____乘数等于1。

3. 假定其他条件不变，边际储蓄倾向越小，投资支出乘数和消费支出乘数就_____。

4. 政府增加支出和减少税收都可以引起国民收入增加，但二者相比，_____对国民收入的影响大，_____次之。

5. 政府购买支出乘数越大，挤出效应越_____；货币需求对产出水平越敏感，挤出效应越_____。

6. 消费支出对国民收入具有_____作用。

二、判断题（下列判断正确的在括号内打√，不正确的打 ×）

1. （　　）自发投资增加，投资曲线向右上方移动，IS 曲线也向右上方移动。

2. （　　）IS 曲线左边的点，代表着产品市场的短缺。

3. （　　）当物价上涨时，LM 曲线会向右下方移动。

4. （　　）在 IS 曲线上任取一点，该点对应的收入必为均衡收入。

5. （　　）名义货币供给量的变动必将使 LM 曲线发生同方向变动。

6. （　　）紧缩的货币政策将会使利率提高，对利率敏感的私人部门支出减少。

7. （　　）IS 曲线和 LM 曲线的相交之点上，收入与利率的组合达到了理想状态。

8. （　　）斟酌使用的财政政策要求经济衰退时应增加政府支出。

9. （　　）在其他条件相同的情况下，较高的平均储蓄倾向导致较高的增长率。

10. （　　）产品市场和货币市场同时均衡的国民收入，即充分就业的国民收入。

三、选择题

1. IS 曲线是用来分析（　　）。

　　A. 劳动市场均衡　　　　　　　B. 产品市场均衡

　　C. 货币市场均衡　　　　　　　D. 消费市场均衡

2. 下面哪条曲线是用来分析货币市场的？（　　）

　　A. IS 曲线　　　　　　　　　B. LM 曲线

　　C. IS 曲线和 LM 曲线　　　　　D. M/P 曲线

3. 货币供给增加使 LM 曲线向右下方移动，若要使均衡收入变动量接近于 LM 曲线的移动量，则必须（　　）。

　　A. IS 曲线平缓　　　　　　　B. IS 曲线陡峭

　　C. IS 曲线是 45°曲线　　　　D. IS 曲线是 90°曲线

4. LM 曲线为水平状态时，为了解决失业问题，政府应首先考虑（　　）。

　　A. 积极财政政策　　　　　　　B. 积极货币政策

　　C. 紧缩财政政策　　　　　　　D. 紧缩货币政策

5. 在古典区域内，（　　）。

　　A. 货币政策有效

　　B. 财政政策有效

　　C. 货币政策无效

　　D. 货币政策与财政政策同样有效

6. 货币市场和产品市场同时均衡，可以理解为（　　），两个市场都实现了均衡。

　　A. 各种收入水平和各种利率水平上

　　B. 一种收入水平和一个利率水平上

　　C. 一组收入水平和一组利率水平上

　　D. 一种收入水平和各种利率水平上

7. 下列哪种情况下，"挤出"效应可能比较大？（　　）

　　A. 货币需求对利率敏感，而投资需求对利率不敏感。

　　B. 货币需求对利率敏感，投资需求对利率也敏感。

　　C. 货币需求对利率不敏感，投资需求对利率也不敏感。

　　D. 货币需求对利率不敏感，而投资需求对利率敏感。

8. 如果政府增加 1 万亿税收用于公共设施投资，其可能的结果是（　　）。

　　A. 政策效应互相抵消　　　　　B. 紧缩效应大于扩张效应

　　C. 扩张效应大于紧缩效应　　　D. 无法判断

9. IS 曲线的斜率由（　　）决定。

　　A. 边际消费倾向　　　　　　　B. 投资对利率的敏感程度

　　C. 两者都是　　　　　　　　　D. 两者都不是

10. 下面哪个财政政策效果最明显？（　　）

　　A. 改变税收　　　　　　　　　B. 改变转移支付

　　C. 改变政府购买水平　　　　　D. 以上都正确

四、计算题

1. 假设一个两部门经济中，消费 $c = 100 + 0.8y$，投资 $i = 150 - 6r$，货币供给 $M = 150$，货币需求 $L = 0.2y - 4r$（单位都是亿元）。

（1）求 IS 曲线和 LM 曲线。

（2）求商品市场和货币市场同时均衡时的利率和收入。

（3）若上述两部门变化为三部门经济，其中税收 $T = 0.25y$，政府购买支出 $g = 100$，货币需求 $L = 0.2y - 2r$，实际货币供给为 150 亿元，求 IS 曲线和 LM 曲线、两市场同时均衡时的利率和收入。

2. 在某三部门经济中，$C = 200 + 0.8Y$，$I = 300 - 5r$，$L = 0.2Y - 5r$，$M = 300$（单位：亿元）。试求：

（1）IS-LM 模型和均衡条件下的产出水平及利率水平，并作图进行分析；

（2）若充分就业的有效需求水平为 2 020 亿元，政府为了实现充分就业，运用扩张的财政政策或货币政策，追加的投资或货币供应分别为多少？请求新的 IS-LM 模型。

3. 假设消费函数是 $C = 200 + 0.75(Y - T)$，投资函数是 $I = 200 - 25i$，其中政府购买和税收都是 100；货币需求函数是 $L = Y - 100i = M/P$，其中货币供给 $M = 1\,000$，物价水平 $P = 2$。

（1）求出均衡利率 i 和均衡收入水平 Y；

（2）假设政府购买从 100 增加到 150，IS 曲线会移动多少？新的均衡利率和收入水平是多少？

（3）假设货币供给从 1 000 增加到 1 200，LM 曲线会移动多少？新的均衡利率和收入水平是多少？

（4）用财政政策和货币政策的最初值，假设物价水平从 2 上升到 4，会发生什么变化？新的均衡利率和收入水平是多少？

五、简答与论述题

1. 怎样理解凯恩斯流动陷阱区域 LM 曲线的特性？古典区域与之有何区别？

2. 在分别推导产品市场均衡的 IS 曲线和货币市场均衡的 LM 曲线时，各自的假设条件有哪些？产生了什么问题？怎么解决的？

3. 为了减少经济的波动，政府时常要实行以稳定经济为目标的政策。你认为这些政策会有效吗？试述你的理由。

4. 在 IS 和 LM 两条曲线相交时所形成的均衡收入是否就是充分就业的国民收入？为什么？

自测练习题答题要点

一、填空题

1. 减少　　增加

2. 平衡预算

3. 越大

4. 政府增加支出　　减少税收

5. 大　　　大

6. 乘数

二、判断题（下列判断正确的在括号内打 √，不正确的打 ×）

1.（√）【要点】根据 IS 曲线移动。

2.（×）【要点】该处投资大于储蓄，产品市场过剩。

3.（×）【要点】物价上涨导致实际货币供给减少，LM 曲线向左上方移动。

4.（×）【要点】只有 IS 曲线与 LM 曲线相交之处，此时收入才是均衡收入。

5.（×）【要点】实际货币供给量（而非名义货币供给量）的变动才会使 LM 曲线发生同方向变动。

6.（√）【要点】紧缩货币政策会导致利率上升，这会减少对利率敏感的私人支出。

7.（×）【要点】IS 曲线与 LM 曲线的交点上，产品市场与货币市场是均衡的，但此时的产出或收入水平有可能小于充分就业的水平，因而交点并不必然是理想状态。

8.（√）【要点】出现经济衰退时，政府可通过积极财政政策以刺激总需求。

9.（×）【要点】增加储蓄导致总需求减少，引起国民收入减少。

10.（×）【要点】较低的收入和较低的利率组合也会达到产品市场的均衡，但它所对应的国民收入不是充分就业的国民收入。

三、选择题

1. B【要点】根据 IS 曲线的含义。

2. B【要点】根据 LM 曲线的含义。

3. A【要点】根据 IS 曲线的斜率与货币政策的关系。

4. A【要点】根据 LM 曲线的斜率与财政政策的关系。

5. A【要点】古典区域 LM 曲线斜率无穷大，货币政策效果大。

6. B【要点】根据 IS-LM 模型均衡的含义。

7. D【要点】根据挤出效应的含义与 LM 曲线斜率。

8. C【要点】税收乘数为 $-\beta/1-\beta$，政府购买支出乘数是 $1/1-\beta$。

9. C【要点】根据 IS 曲线的代数表达式。

10. C【要点】政府购买支出乘数大于税收乘数，也大于政府转移支付乘数。

四、计算题

1. 假设一个两部门经济中，消费 $c=100+0.8y$，投资 $i=150-6r$，货币供给 $M=150$，货币需求 $L=0.2y-4r$（单位都是亿元）。

（1）求 IS 和 LM 曲线。

（2）求商品市场和货币市场同时均衡时的利率和收入。

（3）若上述两部门变化为三部门经济，其中税收 $T=0.25y$，政府购买支出 $g=100$，货币需求 $L=0.2y-2r$，实际货币供给为 150 亿元，求 IS 曲线和 LM 曲线、两市场同时均衡时的利率和收入。

解：（1）由两部门经济商品市场均衡条件：$s=i$，

得 $s=y-c=y-(100+0.8y)=-100+0.2y=i=150-6r$，

解之有：$r=(-0.1y+125)/3$，或者 $Y=1\,250-30r$，即为 IS 曲线。

由货币市场均衡条件：$M=L$，

得 $M=150=L=0.2y-4r$。

解之有：$r=0.05y-37.5$，或者 $Y=750+20r$，即为 LM 曲线。

（2）联立：$r=(-0.1y+125)/3$ 和 $r=0.05y-37.5$，

解得：$y=950$，$r=10$，即商品市场和货币市场同时均衡时的利率和收入。

（3）三部门商品市场均衡条件为：$i+g=s+t$，则有：$150-6r+$

$100=-100+0.2y+0.25y$，

解得：$r=(-0.45y+350)/6$，或者 $Y=777.8+13.3r$，即为 IS 曲线。

由货币市场均衡条件：$M=L$，得 $150=L=0.2y-2r$，

解得：$r=0.1y-75$，或者 $Y=750-10r$，即为 LM 曲线。

联立：$r=(-0.45y+350)/6$，和 $r=0.1y-75$，

解得：$y=762$，$r=1.2$，即为所求的均衡收入和利率。

2. 在某三部门经济中，$C=200+0.8Y$，$I=300-5r$，$L=0.2Y-5r$，$M=300$（单位：亿元）。试求：

（1）IS-LM 模型和均衡条件下的产出水平及利率水平，并作图进行分析；

（2）若充分就业的有效需求水平为 2 020 亿元，政府为了实现充分就业，运用扩张的财政政策或货币政策，追加的投资或货币供应分别为多少？请求新的 IS-LM 模型。

解：（1）由均衡条件：$Y=C+I$，即 $Y=200+0.8Y+300-5r$

解得：$r=100-0.04Y$ 即 IS 曲线方程

又由 $L=M$，即 $0.2Y-5r=300$

解得：$r=-60+0.04Y$ 即 LM 曲线方程

联立 IS 曲线和 LM 曲线方程，可求出均衡的收入和利率分别为：

$$Y=2\ 000,r=20$$

如图 3-2 所示，在图 3-2 中 E 点即为两市场同时均衡点，在该点的利率和国民收入即为利率和国民收入。

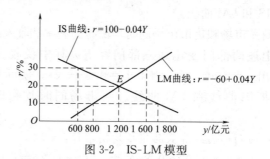

图 3-2   IS-LM 模型

（2）首先，设动用扩张的财政政策，政府追加的政府购买支出为 G，则新的 IS 方程为：$Y=200+0.8Y+300-5r+G$

化简为： $r=100+0.2G-0.04Y$

求联立方程 $r=100+0.2G-0.04Y$ 与 $r=-60+0.04Y$

得： $Y=2\ 000+2.5G$

所以当 $Y=2\ 020$ 时，$G=8$

第二，设动用扩张的货币政策，政府追加的货币供应为 M'，则新的 LM 方程为：$0.2Y-5r=300+M'$

化简为　　　　　　$r=-60-0.2M'+0.04Y$

求联立方程　$r=100-0.04Y$ 与 $r=-60-0.2M'+0.04Y$

得：　　　　　　　$Y=2\ 000+2.5M'$

所以当 $Y=2\ 020$ 时，$M'=4$

3. 假设消费函数是 $C=200+0.75\ (Y-T)$，投资函数是 $I=200-25r$，其中政府购买和税收都是 100；货币需求函数是 $L=Y-100r$，其中货币供给 $M=1\ 000$，物价水平 $P=2$。

（1）求均衡利率 r 和均衡收入水平 Y；

（2）假设政府购买从 100 增加到 150，IS 曲线会移动多少？新的均衡利率和收入水平是多少？

（3）假设货币供给从 1 000 增加到 1 200，LM 曲线会移动多少？新的均衡利率和收入水平是多少？

（4）用财政政策和货币政策的最初值，假设物价水平从 2 上升到 4，会发生什么变化？新的均衡利率和收入水平是多少？

解：（1）IS 曲线：$Y=C+I+G$，代入数据得：$Y=200+0.75\times(Y-100)+200-25r+100$，

推得：$r=17-0.01Y$；

LM 曲线：$L=\overline{M}/P$，代入数据得：$Y-100r=1\ 000/2$，推出：$r=0.01Y-5$；

联立 IS、LM 方程，解得均衡利率 $r=6$，均衡产出 $Y=1\ 100$。

（2）新的 IS 曲线：$Y=C+I+G$，代入数据得：$Y=200+0.75\times(Y-100)+200-25r+150$，

推得：$r=19-0.01Y$。

即 IS 曲线会向右平移 2 个单位。联立原来的 LM 曲线 $r=0.01Y-5$，解得新的均衡利率 $i=7$，新的收入水平 $Y=1\ 200$。

（3）新的 LM 曲线：$L=\overline{M}/P$，代入数据得：$Y-100r=1\ 200/2$，推出：$Y-100r=600$，得：$r=0.01Y-6$，即 LM 曲线会向右平移 1 个单位。与原 IS 曲线 $I=17-0.01Y$ 联立，

解得新的均衡利率 $i=5.5$，新的收入水平 $Y=1\ 150$。

（4）物价水平不影响 IS 曲线，新的 LM 曲线为：

$\overline{M}/P=Y-100r$，推出：$1\ 000/4=Y-100r$，得：$r=0.01Y-2.5$

与原 IS 曲线 $I=17-0.01Y$ 联立，

解得新的均衡利率 $i=7.25$，新的收入水平 $Y=975$。

五、简答与论述题

1. 怎样理解凯恩斯流动陷阱区域 LM 曲线的特性？古典区域与之有何区别？

答：（1）LM 指货币市场上均衡状态时各种收入与利率的变动轨迹。在货币市场上，对应于特定的收入水平，货币需求（L）与货币供给（M）相等时所决定的利率为均衡利率。但不同的收入水平对应

着不同货币需求，故在不同的收入水平下也就有不同的均衡利率。

根据 LM 曲线斜率的不同，它可以分为三个区域，即分别指 LM 曲线从左到右所经历的水平线、向右上方的倾斜线和垂直线三个阶段。LM 曲线这三个区域被分别称为凯恩斯区域、中间区域、古典区域。

（2）在凯恩斯流动陷阱区域，LM 曲线呈水平状。其经济含义是：在货币供给不变的情况下，国民收入增加，几乎不会引起利息率的提高。至于为什么会出现这种反常的现象，必须考虑凯恩斯陷阱的货币需求特性。一般来说，在货币供给不变的情况下，国民收入的增加会引起利息率的提高，但在凯恩斯陷阱区域，出现了货币需求的利息率弹性无限大的特殊情况。因此，在国民收入增加时，利息率稍有提高，投机货币需求立即大量减少、交易货币需求大量增加。所以，在这种特殊情况下，国民收入增加而利息率几乎不提高。

（3）在古典区域，LM 曲线呈垂直状。其经济含义是国民收入稍有增加，就能刺激利率无限提高。其原因是，当利息率提高时，投机货币需求为零，国民收入增加相应增加了对交易货币的需求，如果交易货币需求不能完全被满足，就会刺激利息率大幅度提高。

2. 在分别推导产品市场均衡的 IS 曲线和货币市场均衡的 LM 曲线时，各自的假设条件有哪些？产生了什么问题，怎么解决的？

答：推导产品市场供求均衡时，实际上是假设总需求函数为给定，即消费函数，投资函数以及政府购买支出和税收等给定。若利息率为已知，则市场机制的作用将会给出一个相应的总供给与总需求达到均衡状态时的国民收入，利息率越低，相应的国民收入就越高。两者呈反方向变动的关系。

在推导货币市场均衡的 LM 曲线时，假定货币总需求函数给定，并假定货币供给量固定不变，若国民收入已知，通过货币市场上人们适应利息率的变化而调整其投机性货币需求（交易动机货币需求取决于国民收入的大小，不随利率的变化而变化），会有一个利息率，在该利率下，人们自愿在手边持有的货币恰好等于既定的货币供给量，国民收入之值越大，相应的利息率越高，两者同方向变化。

以上意味着，为了求得产品市场供求均衡时的均衡国民收入，必须假定货币市场均衡的利息率为已知；另外，为了求得货币市场供求均衡时的均衡利息率，又必须假定产品市场总供给等于总需求的国民收入为已知。

这样，为了求解以上论述在逻辑推理中出现的循环推理的矛盾，实际上可以借助 IS-LM 模型，通过产品市场和货币市场的均衡这两者之间的相互作用，得出两个市场同时达到均衡状态时会有的国民收入和利息率。

3. 为了减少经济的波动，政府时常要实行以稳定经济为目标的政策。你认为这些政策会有效吗？试述你的理由。

答： 宏观经济政策一般包括财政政策和货币政策，其有效性取决于经济所处的状况。在理论分析中，政策的有效性取决于 IS 曲线和 LM 曲线的斜率。

① 财政政策指政府变动税收和政府购买支出以便影响总需求进而影响就业和国民收入的政策；货币政策指中央银行变动货币供给量，影响利率和国民收入的政策措施。

从 IS-LM 模型看，财政政策效果的大小是指政府收支变化（包括变动税收、政府购买和转移支付等）使 IS 变动对国民收入变动产生的影响。显然，从 IS 和 LM 图形看，这种影响的大小，随 IS 曲线和 LM 曲线的斜率不同而有所区别。

在 LM 曲线不变时，IS 曲线斜率的绝对值越大，即 IS 曲线越陡峭，则移动 IS 曲线时收入变化就越大，即财政政策效果越好；反之，IS 曲线越平坦，则 IS 曲线移动时收入变化就越小，即财政政策效果越差。

在 IS 曲线的斜率不变时，财政政策效果又随 LM 曲线斜率不同而不同。LM 斜率越大，即 LM 曲线越陡，则移动 IS 曲线时收入变动就越小，即财政政策效果就越差；反之，LM 越平坦，财政政策效果就越好。

如果 LM 越平坦，或 IS 越陡峭，则财政政策效果越大，货币政策效果越小，如果出现一种 IS 曲线为垂直线而 LM 曲线为水平线的情况，则财政政策将十分有效，而货币政策将完全无效。这种情况被称为凯恩斯主义的极端情况。

② 货币政策的效果指变动货币供给量的政策对总需求的影响。如果增加货币供给能使国民收入有较大增加，那么，就说明货币政策效果就大；反之，则小。

货币政策效果同样取决于 IS 和 LM 曲线的斜率。在 LM 曲线形状基本不变时，IS 曲线越平坦，LM 曲线移动（由于实行变动货币供给量的货币政策）对国民收入变动的影响就越大；反之，IS 曲线越陡峭，LM 曲线移动对国民收入变动的影响就越小。

当 IS 曲线斜率不变时，LM 曲线越平坦，货币政策的效果就越小。反之，LM 曲线越平缓，则货币政策效果就越大。

当 IS 曲线呈水平状、LM 呈垂直状时，即为古典主义的极端情况，此时财政政策完全无效，货币政策完全有效。

4. 在 IS 和 LM 两条曲线相交时所形成的均衡收入是否就是充分就业的国民收入？为什么？

答： 产品市场和货币市场同时均衡时的收入不一定就是充分就业的国民收入。这是因为，IS 曲线和 LM 曲线都只表示产品市场上供求相等和货币市场上供求相等的收入和利率组合。因此，两条曲线的交点所形成的收入和利率也只表示两个市场同时达到均衡的利率和收入，它并没有说明这种收入一定是充分就业的收入。如当整个社会的有效需求严重不足时，这时的利率即使再低，企业投资意愿也很差，这会使较低的收入和较低利率相结合达到产品市场均衡，即此时的 IS 曲线离 IS 曲线坐标图形上的原点较近，这样水平的 IS 曲线和 LM 曲线相交时，交点上的收入往往是非充分就业的均衡收入。

考研真题汇总及答题要点

一、概念题

1. 资本边际效率（中南财经政法大学，2004；中央财经大学，2005；华中科技大学，2006；首都经贸大学，2006）

资本边际效率是指资本的预期利润率，即增加一笔投资预期可得到的利润率，资本边际效率递减规律是凯恩斯理论体系中的三大基本定律之一。

资本边际效率是一种贴现率，根据这种贴现率，在资本资产的寿命期间所提供的预期收益的现值能等于该资本资产的供给价格。计算资本边际效率的公式为：

$$C_p = \frac{Q_1}{1+r} + \frac{Q_2}{(1+r)^2} + \frac{Q_3}{(1+r)^3} + \cdots + \frac{Q_n}{(1+r)^n}$$

式中，C_p 表示资本的供给价格，Q_1，Q_2，$\cdots$，Q_n 表示资本预期未来的收益，r 表示资本边际效率。资本的供给价格也就是资本的重置成本。公式表明，资本边际效率与资本重置成本成反比，与资本预期收益成正比。凯恩斯认为，预期收益的减少与重置成本的上升都会使资本边际效率递减。

2. 潜在产出（北京航空航天大学，2004、2006）

经济中实现了充分就业时所达到的产量水平。它不是一个实际产出量。一般认为只有在充分就业时，才有可能实现潜在国内生产总值。而实际产出和潜在国内生产总值的差额，称为国内生产总值缺口。增加潜在产量的途径是增加劳动、资本等生产要素投入，实现技术进步。

3. 平衡预算乘数（Balanced Budget Multiplier）（北京邮电大学，2006、2009；对外经济贸易大学，2006；南京财经大学，2010）

指政府同时增加或减少收入和支出相等数量，国民收入变动对政府收入变动的比率。假设政府购买和税收各增加同一数量，即 $\Delta G = \Delta T$ 时，

$$\Delta Y = k_g \Delta G + k_T \Delta T = \frac{1}{1-b(1-t)} \Delta G + \frac{-b(1-t)}{1-b(1-t)} \Delta T$$

$$= \frac{1}{1-b(1-t)}\Delta G + \frac{-b(1-t)}{1-b(1-t)}\Delta G = \Delta G$$

$$k_b = \frac{\Delta Y}{\Delta G} = 1$$

无论在定量税还是比例税下，平衡预算乘数均为1。根据平衡预算乘数，可以把财政政策的作用归纳为三种情况：① 政府在增加支出的同时减少税收，将对国民收入有巨大促进作用；② 政府在增加支出的同时增加税收，保持平衡，对国民收入的影响较小；③ 政府在减少支出的同时增加税收，将会抑制国民收入的增长。

4. 投资乘数（东北大学，2004；北京师范大学，2008；山东大学，2012）

指收入的变化与带来这种变化的投资变化量的比率。投资乘数的大小与居民边际消费倾向有关。居民边际消费倾向越高，投资乘数则越大；居民边际储蓄倾向越高，投资乘数则越小。即 $k_i = \Delta Y / \Delta I = \frac{1}{1-b}$，或 $k_i = 1/(1-\text{MPC}) = 1/\text{MPS}$，式中，$\Delta Y$ 是增加的收入，ΔI 是增加的投资，MPC 或 b 是边际消费倾向，MPS 是边际储蓄倾向。投资增加会引起收入成倍增加，投资减少会引起收入成比例减少。由于这是凯恩斯最早提出来的，所以又叫"凯恩斯乘数"。投资乘数发挥作用的前提假设是：① 社会中存在闲置资源；② 投资和储蓄的决定相互独立；③ 货币供应量的增加适应支出增加的需要。

二、简答与论述题

1. 用 IS-LM 模型分析下述情况对总需求的影响

（1）由于大量公司破产而引起的悲观情绪；

（2）货币供给量增加；

（3）物价上升。（上海大学，2011）

答：（1）大量公司破产引起的悲观情绪不会影响社会需求，但会影响人们对整体经济的悲观看法，公众对经济前景持消极态度，这会影响消费者的消费需求和企业的投资需求，在其他条件不变的情况下，社会总需求会减少，表现为 IS 曲线左移。

（2）货币供给量增加不直接影响社会总需求，但可以间接影响总需求。

在其他条件不变的情况下，货币供给量增加会引起 LM 曲线右移，进而降低了市场利率，市场利率的下降刺激了企业的投资需求。因此，总需求增加，在 IS-LM 图形上表现为均衡点的产出增加。

（3）物价上升也不直接影响总需求。在名义货币供给量不变的情况下，物价上升导致实际货币供给量降低，引起 LM 曲线左移，进而引起市场利率升高，而市场利率的升高将抑制企业的投资需求，总需求也减少，在 IS-LM 图形上表现为均衡点的产出减少。

2. 简析 LM 曲线。（对外经贸大学，2010）

答：（1）LM 曲线的定义。

LM 曲线是一条满足货币市场均衡下的收入 y 与利率 r 的关系的曲线。这条曲线上任何一点都代表一定利率和收入的组合，在这样的组合下，货币需求和供给都是相等的，亦即货币市场是均衡的。它之所以叫 LM 曲线，是由于这条曲线上的任一点所代表的利率与所相应的国民收入都会使货币供给（M）等于货币需求（L）。

（2）LM 曲线的图形及说明。

① LM 曲线的形状如图 3-3 所示。

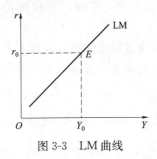

图 3-3　LM 曲线

LM 曲线是连接货币市场中货币供给等于货币需求时收入与利率各种组合的点而形成的轨迹。这条曲线上的任一点表示的利率与所对应的国民收入都会使货币的供给（M）等于货币的需求（L）。它的斜率为正，这表明 LM 曲线一般是向右上方倾斜的曲线。

一般来说，在货币市场上，位于 LM 曲线右方的收入和利率的组合，都是货币需求大于货币供给的非均衡组合；位于 LM 曲线左方的收入和利率的组合，都是货币需求小于货币供给的非均衡组合；只有位于 LM 曲线上的收入和利率的组合，才是货币需求等于货币供给的均衡组合。

② LM 曲线的斜率。

LM 曲线的斜率由两个因素来决定的，一个是货币的交易需求曲线的斜率；一个是货币的投机需求曲线的斜率。具体影响如下：

• 如果货币的交易需求曲线的斜率相对于投机需求曲线的变动幅度大时，LM 曲线将会呈更加陡峭的状态；

• 如果货币的投机需求曲线的斜率相对于交易需求曲线的变动幅度大时，LM 曲线将会呈更加水平状态；

• 如果货币的交易需求曲线的斜率与投资需求曲线的斜率变动幅度相同时，LM 曲线的斜率不会发生变化。

③ LM 曲线的移动。

货币投机需求、交易需求和货币供给量的变化，都会使 LM 曲线发生相应的变动。

• 货币投机需求曲线移动，会使 LM 曲线发生方向相反的移动，即如果投机需求曲线右移（即投机需求增加），而其他情况不变则会使 LM 曲线左移，原因是同样利率水平上现在投机需求量增加了，交易需求量必然减少，从而要求有的国民收入水平下降了。

● 货币交易需求曲线移动，会使 LM 曲线发生方向相同的移动，即如果交易需求曲线右移（即交易需求减少）而其他情况不变，则会使 LM 曲线也右移。原因是完成同样的交易量所需要的货币量减少了，也就是，原来一笔货币现在能完成更多国民收入的交易了。

● 货币供给量变动将使 LM 曲线发生同方向变动，即货币供给增加，LM 曲线右移，原因是在货币需求不变时（包括投机性需求和交易性需求），货币供给增加必使利率下降，利率下降又刺激投资与消费，从而使国民收入增加。

3. 位于 IS 曲线左右两边的各点表示什么？这些 IS 曲线以外的点是通过什么样的机制向 IS 曲线移动的？（天津财经大学，2010）

答：（1）IS 曲线的定义及图形的含义。

IS 曲线是指将满足产品市场均衡条件的收入和利率的各种组合的点连接起来而形成的曲线。它反映产品市场均衡的状态，它表示的是任一给定的利率水平上都有相对应的国民收入水平，在这样的水平上，投资恰好等于储蓄。在两部门经济中，IS 曲线的数学表达式为 $I(r)=S(Y)$，它的斜率为负，这表明 IS 曲线一般是一条向右下方倾斜的曲线，如图 3-4 所示。

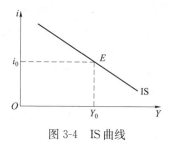

图 3-4　IS 曲线

一般来说，在产品市场上，位于 IS 曲线右上方的收入和利率的组合，都是投资小于储蓄的非均衡组合，即商品市场上存在着过剩的供给；位于 IS 曲线左下方的收入和利率的组合，都是投资大于储蓄的非均衡组合，即商品市场上存在着过度需求，只有位于 IS 曲线上的收入和利率的组合，才是投资等于储蓄的均衡组合。

（2）实现机制。

这里的实现机制需要分两种情况来讨论，一种是投资大于储蓄的情况，即是曲线的左边。在这种情况下，产品市场呈现出需求大于供给，产品市场的价格会上升，产品市场价格上升导致利率上升，利率上升后，投资会相应缩减；与此同时，利率上升会导致储蓄相应提高，最终会导致投资等于储蓄。

另外一种是投资小于储蓄的情况，即是曲线的右边。在这种情况下，产品市场的供给是大于需求的，产品市场的价格下降，产品市场价格的下降导致利率下降，利率下降后，投资会相应上升，与此同时，利率下降会导致储蓄的相应下降，最终导致投资等于储蓄。

4. 如果 LM 曲线既定，IS 曲线的斜率变小，那么扩张性财政政策的效果将发生什么样的变化？（南京财经大学，2004）

答： 如果 LM 曲线既定，IS 曲线斜率变小时，扩张性的财政政策效果小于 IS 曲线陡峭时的政策效果，即扩张性财政政策的效果变小了。

原因在于 IS 曲线斜率不同，挤出效应就不同。以三部门经济为例，在三部门经济中，IS 曲线的斜率大小主要由边际消费倾向和投资的利率系数决定。IS 曲线越平坦，曲线斜率越小；说明边际消费倾向越大和投资乘数越大。因此，当政府实行扩张财政政策时，由于边际消费倾向大和投资乘数大的作用，挤出效应就越大。所以，IS 曲线越陡峭（即斜率越大），移动 IS 曲线时收入变化就越大，也就是效果越明显；反之，IS 曲线越平坦（即斜率越小），移动 IS 曲线时的收入变化就越小。

5. 什么叫"流动性陷阱"？当经济处于流动性陷阱时，扩张性货币政策是否有效？（北京交通大学，2009）

答：（1）流动性陷阱的含义。

流动性陷阱是凯恩斯流动偏好理论中的一个概念。"流动性陷阱"的基本原理：凯恩斯认为，对利率的预期是人们调节货币和债券配置比例的重要依据，利率越高，货币需求量越小；当利率极高时，这一需求量等于零，因为人们认为这时利率不可能再上升，或者说有价证券价格不可能再下降，因而将所持有的货币全部换成有价证券。反之，当利率极低，人们会认为这时利率不可能再下降，或者说有价证券市场价格不可能再上升而只会下降。因此，会将所持有的有价证券全部换成货币。人们有了货币也决不肯再去买有价证券，以避免证券价格下降时遭受损失，为此，不管有多少货币人们都愿意持在手中，这种情况称为"凯恩斯陷阱"或"流动偏好陷阱"。

（2）流动性陷阱时扩张性货币政策的效应。

在流动性陷阱情况下，货币投机需求无限，货币供给的增加不会使利率下降，从而也就不会增加投资引诱和有效需求，表现为流动偏好曲线或货币需求曲线的右端会变成水平线。此时采取扩张性货币政策，不能降低利率，不能增加收入。因而货币政策无效。凯恩斯认为，20 世纪 30 年代的情况就是如此。但在实际上，以经验为根据的论据从未证实过流动性陷阱的存在，而且流动性陷阱也未能被精确地说明是如何形成的。如图 3-5 所示，当利率降到一定程度 r_0 时，LM 曲线呈水平状态，这就是"流动性陷阱"，此时，不管政府增加多少货币供给，都不大可能使利率再下降，货币政策无效。

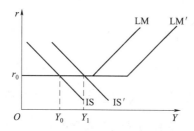

图 3-5　流动性陷阱中的政策效应

6. 假设货币的投机需求在每个利率水平，货币的交易需求在每个产出、收入水平均下降，试说明此时 LM 曲线会发生什么变化并解释理由。（北京大学，2007；中国人民大学，2005）

答：LM 曲线将向左下方移动，原因在于：LM 曲线是表示货币市场均衡的曲线，曲线上任何一点都代表一定利率和收入的组合，在这样的组合下，货币需求与货币供给都是相等的。在凯恩斯的货币需求理论中，货币需求包括投机、交易和预防三种需求，当投机需求在每个利率水平，货币的交易需求在每个产出、收入水平均下降时，货币需求总量下降，而货币供给不变，这样就偏离了原来均衡的状态，原来 LM 曲线位置上各点就将出现货币供给大于货币需求的情况，此时要恢复均衡状态就要将 LM 曲线向左移动。

7. 什么是乘数原理？乘数原理发挥作用的假设前提是什么？（北京交通大学，2005；北京航空航天大学，2006）

答：（1）乘数原理的含义。

乘数指自发总支出的增加所引起的国民收入增加的倍数。如果是自发总支出中投资的增加，则乘数是投资乘数；如果是自发总支出中政府支出的增加，则乘数是政府支出乘数……

乘数原理说明了总需求中各种支出变动对国民收入变动的影响。因为国民经济各部门之间是相互联系的，所以对某一部门的需求（支出）的增加，不仅会使该部门的生产和收入相应增加，而且还会引起其他部门的生产、收入和支出的增加，从而使国民收入增加量数倍于最初增加的支出。设对第一部门最初增加的需求（支出）为 $\Delta \overline{A}$，由这种支出引起的收入的增量为 $\Delta \overline{A}$。设所有各部门的边际消费倾向为 C，则由第一部门增加的收入会使消费需求增加 $C \cdot \Delta \overline{A}$，由此引起第二部门的收入增加 $C \cdot \Delta \overline{A}$。第二部门增加的收入中又要消费 $C^2 \cdot \Delta \overline{A}$，于是，又使第三部门的收入增加 $C^2 \cdot \Delta \overline{A}$。第三部门由此增加的消费需求 $C^3 \cdot \Delta \overline{A}$ 将使第四部门的收入增加 $C^3 \cdot \Delta \overline{A}$……这种由收入增加带动的消费需求增加连续下去。当整个经济再次到达均衡时，增加的总支出（ΔAE）与国民收入（ΔY）则为：$\Delta AE = \Delta Y = \Delta \overline{A} + C\Delta \overline{A} + C^2 \Delta \overline{A} + C^3 \Delta \overline{A} + \cdots = \Delta \overline{A}(1 + C + C^2 + C^3 + \cdots)$。这是因为，边际消费倾向范围：$0<C<1$，所以，$\Delta AE=\Delta Y=\dfrac{1}{1-C}\times\Delta\overline{A}$。

在上式中，$\dfrac{1}{1-C}$即为乘数。它表示由于最初自发支出增加了 $\Delta\overline{A}$，当总供给与总需求再次达到均衡时，国民收入的增加量为（ΔY）为 $\Delta\overline{A}$ 的 $\dfrac{1}{1-C}$ 倍。因为 $C<1$，所以 $\dfrac{1}{1-C}>1$；乘数的大小取决于边际消费倾向（C）。边际消费倾向越大，乘数越大；边际消费倾向越小，乘数越小。

这个概念在 1931 年由经济学家凯恩斯的学生卡恩（Richard Kahn）用来描述政府增减税或增加支出所导致的变化。凯恩斯在《通论》中把乘数与边际消费倾向联系起来，说明总支出变动与国民收入变动的关系。所以，乘数原理在凯恩斯的国民收入决定理论中占有重要的地位。后来，美国经济学家汉森和萨缪尔森又把乘数原理与加速原理结合起来，用来解释经济周期的原因。

（2）乘数原理发挥作用的假设前提。

前提假设：① 社会中存在闲置资源；② 投资和储蓄的决定相互独立；③ 货币供应量的增加适应支出增加的需要。

8. 何谓"挤出"效应？说明影响挤出效应的主要因素。（上海财经大学，2003；北京交通大学，2003；厦门大学，2009；中央财经大学，2012）

答：（1）挤出效应指在政府支出增加时，会引起利率的提高，这样会减少私人支出。所以原财政政策的效果被抵消掉一部分，甚至可能完全不起作用。

其发生机制是：① 政府支出增加，商品市场上竞争加剧，价格上涨，实际货币供应量减少。因而用于投机目的的货币量减少；② 用于投机目的的货币量减少引起债券价格下降，利率上升，结果投资减少。由于存在着货币幻觉，在短期内，将会有产量的增加。但在长期内，如果经济已经处于充分就业状态，那么增加政府支出只能挤占私人支出。在 IS-LM 模型中，若 LM 曲线不变，向右移动 IS 曲线，两种市场同时均衡时会引起利率的上升和国民收入的增加。但是，这一增加的国民收入小于不考虑货币市场的均衡（即 LM 曲线）或利率不变条件下的国民收入的增量，这两种情况下的国民收入增量之差，就是利率上升而引起的"挤出效应"。但在经济未达到充分就业状态之前，"挤出效应"并不明显，此时政府推行的增加支出的扩张性财政政策仍是有效的。

（2）"挤出效应"的大小取决于支出乘数的大小、货币需求对收入变动的敏感程度、货币需求对利率变动的敏感程度、投资需求对利率变动的敏感程度等。其中，货币的利率敏感程度和投资的利率敏感程度是"挤出效应"大小的决定性因素。"挤出效应"与货币的利率敏感程度负相关；与投资的利率敏感性正相关。在充分就业时，挤出效应最大，接近于 1；在没有实现充分就业时，挤出效应取决于政府开支引起利率上升的大小，此时挤出效应一般在 0~1 之间。一般来说，从 LM、IS 曲线的斜率也可以判断挤出效应的大小。

9. 为什么投资的边际效率随着投资支出的增加而逐渐递减？（西安交通大学，2006）

答：（1）投资的边际效率亦称"内在收益率"，是指一笔投资的未来收益折算成现值时的贴现率。它与资本边际效率的区别在于，它所指的是短期内投资的贴现率，而在短期由于各厂商会同时增加投资而使投资品的供给价格上升。

（2）投资边际效率递减的主要原因有以下几方面。

第一，实际利率的提高会减少企业的实物投资数量。因为利率升高，投资者发现实物投资的回报不如购买国库券或在股市里投机，他们就会增加对金融资产的投资，而减少实物投资；利率下降，实际投资的收益率确实对投资者有利时，他们就会减少对金融资产的投资，而增加对实物的投资。

第二，投资的边际收益存在着递减的趋势。无论是投资的边际效率，还是资本的边际效率都呈现着向右下方倾斜的特征，这在本质上都反映了资本边际收益的递减。因为对企业家来说，在不考虑其他变量的情况下，资本的边际效益是投资的边际收益，市场的利率是投资的边际成本，为了获得投资利润的最大化，他们必须保持投资的边际收益等于投资的边际成本，也就是随着利率的下降而扩大投资规模，利率下降的轨迹因此也就是资本边际效益递减的轨迹。

第三，投资的边际效益递减是由多方面的原因决定的。一是边际产出递减规律的作用，投资规模的扩大导致生产规模的扩大，生产规模的扩大又导致产出的增长速度越来越慢了。二是商品销售竞争的结果。投资规模的扩大导致产出的增加，企业之间销售的竞争必然导致商品价格的下降，从而造成产出的边际销售收入减少。三是生产要素的竞争推动投资成本的提高。因为许多企业的竞相投资造成所有生产要素，包括物资、资金和劳动力供给的紧张，从而导致这些要素价格的上升，投资成本随之增大。这些原因决定投资边际收益的递减，而递减的程度和速度则在不同的经济条件下有不同的表现。

10. 请使用 IS-LM 模型分析我国目前应该采用什么样的货币政策。（北方工业大学，2012）

答：IS-LM 模型用来分析产品市场和货币市场的一般均衡，IS 曲线和 LM 曲线的交点决定均衡国民收入；在 IS-LM 模型内，货币政策变动会引起 LM 曲线变动；当前，我国应该实行微调的货币政策，这样的政策会引起 LM 曲线向右移动；在 IS 曲线不变的情况下，

LM 曲线向右移动，会引起均衡国民收入增加。这符合我国目前继续保持经济增长的目标。

三、选择题

1. 引起 IS 曲线向右移动的原因包括（D）。（中央财经大学，2004）

  A. 自发消费下降   B. 自发投资下降

  C. 进口增加   D. 出口增加

2. LM 曲线表示（A）。（北方工业大学，2011）

  A. 货币市场均衡   B. 产品市场均衡

  C. 劳动市场均衡   D. 要素市场均衡

3. IS-LM 模型告诉我们：（C）。（北京航空航天大学，2004）

  A. IS 越陡，挤出效应越明显

  B. IS 越平，挤出效应越明显

  C. LM 越陡，挤出效应越明显

  D. LM 越平，挤出效应越明显

4. 如果 IS 曲线平缓，LM 曲线陡峭，则（B）。（北方工业大学，2009）

  A. 财政政策效果大而货币政策效果小

  B. 财政政策效果小而货币政策效果大

  C. 财政政策和货币政策效果都大

  D. 财政政策和货币政策效果都小

四、计算题

1. 已知某经济社会消费函数为 $C=600+0.8y_d$，投资 $I=400-50r$，政府购买 $G=200$，货币需求 $L=250+0.5Y-125r$，实际货币供给为 $M/P=1250$，假定政府为预算平衡，只收取一个等额税，求：（1）IS 曲线；（2）LM 曲线；（3）均衡产出与均衡利率。（北方工业大学，2012）

 解：（1）根据 $I=S$ 解得 IS 曲线方程：$Y=5\,200-250r$

 （2）根据 $L=m$ 解得 LM 曲线方程：$Y=2\,000+250r$

 （3）联立 IS 曲线与 LM 曲线方程，得均衡收入 $Y=3\,600$，$r=6.4\%$

2. 假设货币需求为 $L=0.2Y-10r$，货币供给为 200 亿元，$C=60+0.8Y_d$，$T=100$ 亿元，$I=150$ 亿元，$G=100$ 亿元。

 （1）求 IS 和 LM 方程；

 （2）求均衡收入、利率和投资；

 （3）政府支出从 100 亿元增加到 120 亿元时，均衡收入、利率和投资有何变化？

 （4）是否存在挤出效应？（华东理工大学，2005；华中科技大学，2007；首都经贸大学，2009）

 解：（1）由 $C=60+0.8Y_d$，$T=100$，$I=150$，$G=100$ 和 $Y=C+I+G$

得 IS 曲线为：$Y=C+I+G=60+0.8Y_d+150+100$
$$=310+0.8\ (Y-100)\ =230+0.8Y$$

化简得：$\qquad\qquad 0.2Y=230$
$$Y=1\ 150 \cdots\cdots\cdots\cdots\cdots\cdots（IS\ 曲线）$$

由 $L=0.2Y-10r$，$M=200$ 和 $L=M$ 得 LM 曲线为：
$$0.2Y-10r=200$$

化简得：$\qquad\quad Y=1\ 000+50r \cdots\cdots\cdots\cdots（LM\ 曲线）$

（2）由 IS-LM 模型联立方程组解得均衡收入为：

$Y=1\ 150$，均衡利率 $r=3$，投资 $I=150$

（3）由 $C=60+0.8Y_d$，$T=100$，$I=150$，$G=120$ 和 $Y=C+I+G$ 得 IS 曲线为：
$$Y=C+I+G=60+0.8Y_d+150+120$$
$$=330+0.8(Y-100)=250+0.8Y$$

化简得：$\qquad\qquad 0.2Y=250$
$$Y=1\ 250 \cdots\cdots\cdots\cdots\cdots\cdots（IS\ 曲线）$$

由 $L=0.2Y-10r$，$M=200$ 和 $L=M$ 得 LM 曲线为：
$$0.2Y-10r=200$$

化简得：$\qquad\quad Y=1\ 000+50r \cdots\cdots\cdots\cdots（LM\ 曲线）$

由 IS-LM 模型联立方程组解得均衡收入为：

$Y=1\ 250$，均衡利率 $r=5$，投资不受利率影响仍为常量，即 $I=150$。

（4）当政府支出增加时，因为投资是固定的，没有变化，所以不存在"挤出效应"。因为投资是常量，不受利率变化的影响，也即投资和利率变化无关，IS 曲线是一条垂直于横轴 Y 的直线。

3. 假定某两部门经济中 IS 方程为 $y=1\ 250-30r$。

（1）假定货币供给为 150，当货币需求为 $L=0.20y-4r$ 时，LM 方程如何？两个市场同时均衡的收入和利率为多少？当货币供给量不变但货币需求为 $L=8.75y-4r$ 时，LM 方程如何？均衡收入为多少？分别画出图形（a）和（b）来表示上述情况。

（2）当货币供给从 150 增加到 170 时，图形（a）和（b）中的均衡收入和利率有什么变化？这些变化说明什么？（北京工商大学，2007）

解：（1）由 $M=L$，所以 $150=0.20y-4r$，LM 方程为
$$r=0.05y-37.5$$

又由 IS 方程：$y=1\ 250-30r$，联合 IS 方程、LM 方程得，
$$r=10，y=950$$

图 3-6（a）图中，均衡点国民收入为 950，均衡利率为 10

当货币需求为 $L=8.75y-4r$ 时，由 $150=8.75y-4r$，得 LM 方程为：
$$r=2.187\ 5y-37.5$$

由 IS 方程：$y=1\,250-30r$，联合 IS 方程、LM 方程得：
$$r=40.48, y=35.65$$

图 3-6（b）图中，均衡点国民收入为 35.65，均衡利率为 4 048。

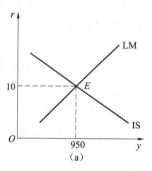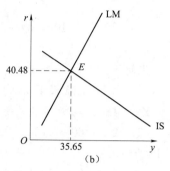

图 3-6　IS-LM 曲线

（2）当货币供给从 150 增加到 170 时，在货币需求为 $L=0.20y-4r$ 情况下，由

$$170=0.20y-4r$$
$$y=1\,250-30r$$

得：　　　　　　　　　$r=8, y=1\,010$

在货币需求为 $150=8.75y-4r$ 情况下，由

$$170=8.75y-4r$$
$$y=1\,250-30r$$

得：　　　　　　　　　$r=40.40, y=38$

可见随着货币供给增加，均衡利率下降，均衡收入增加。这说明货币供给增加会导致 LM 曲线向右移动，可以通过调节货币供给量调控经济。

4. 假设在一个生产能力过剩的经济体中，消费函数为 $C=200+0.75\,(Y-T)$，计划投资、政府购买和税收都是 100。请回答如下 9 个问题中的任意 6 个问题，但（3）问和（7）问必做。

（1）均衡的收入水平是多少？均衡的储蓄水平是多少？

（2）如果政府购买增加到 125，新的均衡收入是多少？

（3）（此问必做）假设充分就业的收入为 1 600，政府要实现充分就业，如果采取调整政府购买支出政策，政府购买支出应该是多少？如果采取税收政策，税收应该是多少？平衡预算政策能否实现同样的目标，为什么？

（4）当一个社会变得更加节约时，比方说，边际消费倾向从 0.75 降低为 0.70 时，均衡的储蓄是增加了还是减少了？（通过计算说明）

（5）你对（4）的回答被称为节俭悖论，请用所学原理解释为什么会存在着节俭悖论。

（6）你怎样理解消费和储蓄的关系？储蓄是不是越少越好？为什么？

（7）（此问必做）假设这个经济体受到货币市场的影响，货币需求函数为 $M/P = Y - 100r$，同时投资不再是 100，而是随着利率的变化而变化的：$I = 200 - 25r$。如果货币量为 $1\,000$，物价水平为 2。请问均衡的收入水平是多少？

（8）延续（7）的环境，如果中央银行将货币供给从原来的 $1\,000$ 增加到 $1\,200$，新的均衡收入是多少？请用经济学原理解释为什么收入会有这样的变化？

（9）你能否推导出总需求方程来。（武汉大学，2006）

解：（1）由
$$\begin{cases} Y = C + I + G \\ C = 200 + 0.75(Y - T) \\ I = G = T = 100 \end{cases}$$

可得均衡收入水平为：$Y = 1\,300$，均衡储蓄水平为：$S = （1 - MPC）（Y - T） = 250$。

（2）如果政府购买增加到 125，则由
$$\begin{cases} Y = C + I + G \\ C = 200 + 0.75(Y - T) \\ I = T = 100 \\ G = 125 \end{cases}$$

解得新的均衡收入为：$Y = 1\,400$

（3）① 政府要实现充分就业，如果采取调整政府购买支出政策时，

由
$$\begin{cases} Y = C + I + G \\ C = 200 + 0.75(Y - T) \\ I = T = 100 \\ Y = 1\,600 \end{cases}$$

可得政府购买支出为：$G = 175$

② 政府要实现充分就业，如果采取税收政策时，

由
$$\begin{cases} Y = C + I + G \\ C = 200 + 0.75(Y - T) \\ I = G = 100 \\ Y = 1\,600 \end{cases}$$

可得政府征税额为：$T = 0$。

③ 政府要实现充分就业，如果采取平衡预算政策时，

由
$$\begin{cases} Y=C+I+G \\ C=200+0.75(Y-T) \\ I=100 \\ G=T \\ Y=1\,600 \end{cases}$$

可得 $G=T=400$，因此平衡预算政策也能实现目标，此时政府购买支出等于税收收入，$G=T=400$。

（4）由
$$\begin{cases} Y=C+I+G \\ C=200+0.7(Y-T) \\ I=G=T=100 \end{cases}$$

可得均衡收入为：$Y=1\,100$，因此，均衡储蓄为：$S=(1-\text{MPC})(Y-T)=300$。

与（1）相比，当边际消费倾向从 0.75 降低为 0.70 时，说明均衡的储蓄增加了，但是均衡的收入却减少了，这就是"节俭悖论"。

（5）节俭悖论是指节制消费增加储蓄会增加个人财富，对个人是件好事，但如果人人都减少消费则会减少国民收入，引起萧条，对国民经济是件坏事。节俭悖论的原因在于：节俭减少了消费支出，厂家商品出现销售困难，迫使厂家削减产量，解雇工人，从而减少了收入，最终减少了储蓄。储蓄为个人致富铺平了道路，然而如果整个国家加大储蓄，将使整个社会陷入萧条和贫困。因为在既定的收入中，消费与储蓄呈反方向变动，即消费增加储蓄就会减少，消费减少储蓄就会增加。而根据凯恩斯的总需求决定国民收入的理论，储蓄与国民收入呈现反方向变动，储蓄增加国民收入就减少，储蓄减少国民收入就增加。根据这种看法，增加消费减少储蓄会通过增加总需求而引起国民收入增加，就会促进经济繁荣；反之，就会导致经济萧条。

（6）① 对于个人而言，在一定时期内，在既定的收入下，消费和储蓄存在着此消彼长的关系：消费越多，储蓄就越少；储蓄越多，消费就越少。但是，在适当的条件下，如果能将储蓄转化为投资，则现在适当减少消费，增加储蓄，有可能提高未来的消费水平，从而使消费者的福利水平获得提高。

② 储蓄不是越少越好。根据资本存量的黄金律，适当的储蓄使得人均资本存量在长期中能够达到黄金律水平，则将在长期中使人们的消费水平达到最优，经济福利实现最优化。

（7）由
$$\begin{cases} Y=C+I+G \\ C=200+0.75(Y-T) \\ I=200-25r \\ G=T=100 \end{cases}$$

可得：IS 曲线方程为：$\qquad Y=1\,700-100r$ ①

由
$$
\begin{cases}
M^S/P = M^D/P \\
M^S = 1\,000 \\
M^D/P = Y - 100r \\
P = 2
\end{cases}
$$

可得：LM 曲线方程为：　　　　$Y = 500 + 100r$　　　　②

由方程①和②联立可得：均衡的收入水平为：$Y = 1\,100$。

(8) 如果中央银行将货币供给从原来的 $1\,000$ 增加到 $1\,200$ 时，

由
$$
\begin{cases}
M^S/P = M^D/P \\
M^S = 1\,200 \\
M^D/P = Y - 100r \\
P = 2
\end{cases}
$$

得：新的 LM 曲线方程为：　　　　$Y = 600 + 100r$　　　　③

由方程①和③联立计算得：均衡的收入水平为：$Y = 1\,150$。

导致均衡收入增加的原因是货币供给的增加，降低了利率，增加了投资需求，从而使经济中的总需求增加了，产出水平也增加了。

(9) 总需求曲线揭示了产品和货币市场均衡时，价格和产出之间的关系。

由
$$
\begin{cases}
M^S/P = M^D/P \\
M^S = 1\,000 \\
M^D/P = Y - 100r
\end{cases}
$$

得：新的 LM 曲线方程为：　　　　$Y = \dfrac{1\,000}{P} + 100r$　　　　④

方程①和④联立计算得：$Y = 850 + \dfrac{500}{P}$，即为总需求方程。

5. 某国经济总量：$S = -100 + 0.2Y_d$（Y_d 为可支配收入），投资 $I = 50$，政府购买 $G = 200$，政府转移支付 $R = 62.5$，税收 $T = 250$（单位均为 10 亿元），试求：

(1) 均衡的国民收入；

(2) 投资乘数、政府购买乘数、税收乘数、转移支付乘数和平衡预算乘数。（电子科技大学，2004）

解：(1) $Y = C + I + G$

$\qquad = (Y_d - S) + I + G$

$\qquad = [100 + (1 - 0.2) \times (Y - 250 + 62.5)] + 50 + 200$

解得：$Y = 1\,000$（10 亿元）

(2) 投资乘数 $= \dfrac{1}{1-b} = \dfrac{1}{1-0.8} = 5$

政府购买乘数 $= \dfrac{1}{1-b} = \dfrac{1}{1-0.8} = 5$

税收乘数 $= \dfrac{-b}{1-b} = \dfrac{-0.8}{1-0.8} = -4$

$$转移支付乘数=\frac{b}{1-b}=\frac{0.8}{1-0.8}=4$$

平衡预算乘数＝1

6. 已知一个宏观经济中的消费函数为 $C=100+0.8Y_d$（Y_d 为可支配收入，单位为亿元），自发（主）投资 $I=50$，政府财政政策包括政府支出 $G=200$，定量（或自主）税收 $T_0=60$，比例税率 $t=0.25$。求：

（1）宏观经济均衡时的国民收入 Y 是多少？

（2）（支出）乘数 K 是多少？

（3）政府的财政盈余是多少？（中国人民大学，2005）

解：（1）因为 $Y_d=Y-T_0-tY=(1-t)Y-T_0=0.75Y-60$

所以 $C=100+0.8Y_d=100+0.8\times(0.75Y-60)=52+0.6Y$

$AD=C+I+G=52+0.6Y+50+200=302+0.6Y$

当宏观经济均衡时，$Y=AD$，

即 $Y=302+0.6Y$，得 $Y=755$

（2）$K=\dfrac{1}{1-\beta(1-t)}=\dfrac{1}{1-0.8(1-0.25)}=\dfrac{1}{0.4}=2.5$，其中 β 为边际消费倾向。

（3）用 S 表示政府盈余，则 $S=$ 政府的收入－政府的支出

政府的收入 $=T_0+tY=60+0.25\times755=248.75$

政府的支出 $=G=200$

所以 $S=248.75-200=48.75$

第4章

总供求分析：AD-AS 模型

学习要求及重点

1. 学习要求

- 了解总需求曲线和总供给曲线。
- 理解总需求曲线的推导。
- 掌握总需求—总供给模型的使用。

2. 学习重点

- 总需求与总需求曲线、总需求曲线的斜率、总需求曲线的推导、总供给与总供给曲线、总供给曲线的斜率、总需求供给的推导、总需求曲线移动的后果、总供给曲线移动的后果。

汉英关键词汇对照及定义

1. 总需求（Aggregate Demand，AD）：指一个国家或地区对产品和劳务的需求总量，包括消费需求、投资需求、政府需求和国外需求。

2. 总需求曲线（The Aggregate Demand Curve）：表示在每一种物价水平时，家庭、企业、政府和外国用户想要购买的物品和劳务量的曲线。它说明在任何一种既定的物价水平时经济中需求的所有物品和劳务量，即总需求曲线表示在某个特定的价格水平上，社会需求的产出水平。总需求曲线表示产品市场和货币市场同时均衡时的价格和产出水平关系。因此，可以利用 IS-LM 模型来推导总需求曲线。

3. 财产效应（Wealth Effect）：消费需求是总需求的组成部分，因此，物价水平变动通过对实际财产的影响而影响消费需求，进而影响总需求，物价水平与总需求之间是反向变动关系。这就是财产效应，它是由经济学家庇古提出来的，又称为庇古效应（Pigou

Effect)。

4. 利率效应（Interest Rate Effect）：投资需求是总需求的组成部分，物价水平变动通过对实际货币供给的影响而影响利率，进而影响总需求，物价水平与总需求之间是反向变动关系。这就是利率效应，它又称为凯恩斯效应（Keynes Effect）。

5. 汇率效应（Exchange Effect）：净出口需求是总需求的组成部分，因此，物价水平变动通过对汇率的影响而影响净出口需求，进而影响总需求，物价水平与总需求之间是反向变动的关系，这就是汇率效应，也称为弗莱明－蒙代尔效应（Fleming-Mundell Effect）。

6. 总供给（Aggregate Supply，AS）：是一个国家或地区提供的产品和劳务的总产量。

7. 总供给曲线（Aggregate Supply Curve）：反映总供给与价格水平之间的关系，即它说明在每个价格水平时整个社会愿意并且能够提供的产品总量。

8. 古典主义总供给曲线（Classical Aggregate Supply Curve）：古典学派认为长期的总供给曲线是垂直的，因为就长期来看，经济是可以实现充分就业的。因此，垂直的古典总供给曲线也称为长期总供给曲线（Long-run Aggregate Supply Curve）。

9. 凯恩斯主义总供给曲线（The Keynes Doctrine of Aggregate Supply Curve）：是在对古典经济理论的基础上建立的，是建立在工资—价格刚性基础上的，是由水平的线段和垂直的线段连接在一起得到的，该曲线也称为萧条模型的总供给曲线。其总供给曲线水平部分的经济含义如下：凯恩斯认为，当社会上存在大量的闲置设备和较为严重的失业时，厂商可以在现行工资水平之下得到它们所需要的任何数量的劳动。

10. 工资刚性（Wage Rigidity）：是指在劳动市场上，工人会反对名义工资下降，从而使名义工资只能上升、不能下降，即名义工资存在向下的刚性。

11. 常规总供给曲线（The Conventional Aggregate Supply Curve）：指向右上方倾斜的总供给曲线，该曲线表明价格越高，企业愿意提供的总产量越大。因此，更高的价格水平将导致更高的总产量。当名义工资率不变、其他资源价格不变和充分就业的产出不变的情况下，实际产出与价格水平之间的这种同方向变动的关系也可以说明短期的供给情况。因此，常规的总供给曲线又称为短期总供给曲线（Short-run Supply Curve）。

12. 短期宏观经济均衡（Short-run Macroeconomic Equilibrium）：当实际总需求等于实际总供给时就实现了短期宏观经济均衡。

13. 长期宏观经济均衡（Long-run Macroeconomic Equilibrium）：当实际的产出等于潜在的或充分就业的产出时，就实现了长期的宏观经济均衡。

核 心 内 容

1. 总需求函数表示产品市场和货币市场同时达到均衡的价格水平与国民收入间的依存关系，描述这一函数的曲线称为总需求曲线。所谓总需求是指整个经济社会在每一个价格水平下对产品和劳务的需求总量，它由消费需求、投资需求、政府购买需求和国外需求构成。在其他条件不变的情况下，当价格水平提高时，总需求水平就下降；当价格水平下降时，总需求水平就上升。总需求曲线向下倾斜，其机制在于：当价格水平上升时，将会同时打破产品市场和货币市场上的均衡。在货币市场上，价格水平上升导致实际货币供给下降，从而使 LM 曲线向左移动，均衡利率水平上升，国民收入水平下降。在产品市场上，一方面由于利率水平上升造成投资需求下降（即利率效应），总需求随之下降；另一方面，价格水平的上升还导致人们的财富和劳动工作实际收入水平下降以及本国出口产品相对价格的提高从而使人们的消费需求下降，本国的出口也会减少、国外需求减少，进口增加。这样，随着价格水平的上升，总需求水平就会下降。

2. 总需求曲线的斜率反映价格水平变动一定幅度使国民收入（或均衡支出水平）变动多少。从 IS-LM 模型分析中可知，价格水平变动引起实际货币余额变动会使 LM 曲线移动，进而影响收入水平，而 LM 移动究竟会使均衡收入变动多少，取决于 IS 曲线和 LM 曲线的斜率。IS 曲线斜率不变时，LM 曲线越陡（货币需求对利率变动越不敏感，即 h 越小，以及货币需求对收入变动越敏感，即 k 越大），则 LM 曲线移动时收入变动越大，从而 AD 曲线也越平缓。已知产品市场和货币市场同时均衡的收入为：

$$y = \frac{hK_e}{h + kdK_e}(\overline{A}) + \frac{dK_e}{h + kdK_e}\left(\frac{M}{P}\right)$$

式中 d 表示投资对利率的敏感程度，K_e 表示自发支出乘数，h 和 k 分别表示货币需求对利率和收入的敏感程度。从上式可以看出，当 d、K_e 不变且 k 比较稳定时，若 h 越小，则 P 上升一定幅度使 M/P 下降一定量时，国民收入 Y 就减少得越多；反之，P 下降一定幅度使 M/P 上升一定量时，国民收入 Y 就增加得越多，因而，AD 曲线就越平缓。同时，当 h 和 k 既定时，如果 d 和 K_e 越大，即 IS 曲线越平缓，则实际货币余额 M/P 变动时，收入变动也会越大，从而 AD 曲线也越平缓。

当政府采取扩张性财政政策，如政府购买支出扩大（$\overline{A}$ 增加），或扩张性货币政策（$\overline{M}$ 增加），都会使总需求曲线向右上方移动；反之，则向左下方移动。

3. 总供给函数表示总产出量与一般价格水平之间的依存关系，描述这种关系的曲线称为总供给曲线。所谓总供给是指经济社会在每一价格水平上提供的商品和劳务的总量。总供给曲线是根据生产函数和劳动力市场的均衡推导而得的。当资本存量一定时，总产量水平随就业量的增加而增加，但边际产出递减。就业量取决于劳动力市场的均衡。劳动力的需求是实际工资率的减函数，可写为：$N_d = N_d\left(\dfrac{W}{P}\right)$，实际工资越低，劳动力需求越大；劳动力的供给是实际工资的增函数，可写为 $N_s = N_s\left(\dfrac{W}{P}\right)$，实际工资越低，劳动供给越小。当劳动力需求等于劳动力供给，就决定了劳动力市场上的均衡就业量。在短期，就业量的变化是引起总供给水平变化的最重要的因素；在长期，资本积累的变化、技术进步等都会影响总供给水平。

总供给曲线的斜率取决于劳动力市场对货币工资变动能作何反应的假定。对企业或劳动者来讲，重要的是实际工资而不是名义工资。实际工资是名义工资与价格水平的比率，当名义工资上升的幅度低于价格上升的幅度时，实际工资就会下降；反之，实际工资就会上升。如果工资和物价可以自由变化，那么，就业量的决定就完全独立于价格水平的变化。因为物价上升时，名义工资水平就会同比例上升，劳动力市场将恢复到原来的均衡，就业量也恢复到原来的水平。这样，就业量就不随物价水平的变化而变化，从而总产出也不随价格水平的变化而变化。因此，当价格水平具有完全的伸缩性时，实际产出量主要由潜在产出决定，不受价格水平的影响。供给曲线是一条位于充分就业产出水平的垂直线，可称它为长期总供给曲线，或古典总供给曲线。

当名义工资具有向下的刚性时，总供给曲线就是一条向右上方倾斜的曲线。这时，现实经济中即使存在失业，工资水平也不会下降；但当劳动力处于过度需求状况时，工资却可向上调整。这样，在刚性的名义工资水平下，如果物价上升，实际工资水平就会下降，劳动力需求就会扩大，经济的就业量和总产出就会增加，总供给曲线就会向上倾斜。总产出随着价格水平的提高而提高。可把这条供给曲线称为短期总供给曲线，或凯恩斯主义供给曲线。随着价格水平的上升，对劳动力需求增加，劳动力市场上失业率逐渐减少。当劳动力市场达到充分就业状态时，价格水平的上升就会导致对劳动力的过度需求的出现，这样，名义工资就会随物价同比例上升，使就业量始终维持在充分就业水平，从而物价水平上升时，产出也始终保持在充分就业的产出水平上。经济的总供给曲线在短期内向右上方倾斜，在长期就变为一条位于充分就业产出水平上的垂直线。

4. 当经济的总供给等于总需求时，经济就决定了这一时期的实际产出、就业水平、利率水平和价格水平。在古典的总供给—总需求模型中，总供给曲线是一条垂直线，价格水平的变化不影响经济的就业量和总产出水平。任何由于总需求或总供给的波动而造成的总供给与总需求不相等，理论上都可通过价格水平的变化使经济恢复到原先的均衡，而不需要任何经济政策。例如，由于货币供给量的扩大（或者政府支出增加，出口增加等），经济的总需求曲线向右移动。这样，在原来的价格水平下，经济的总需求就超过了总供给，价格水平即上升。在需求方面，随着价格水平上升，货币市场上实际货币供给开始减少，利率水平上升；投资缩减，总需求开始减少。总需求与总供给的差距也开始缩小。只要总需求还大于总供给，价格水平就持续上涨，直到总供给等于总需求。结果，价格水平与货币供给量同比率增加，利率、总产出、就业量及总需求都恢复到原来的水平。

当经济的非均衡来自供给方面的波动时，如石油供给的减少，总供给曲线会向左移动，造成经济在原有的价格水平下总需求超过总供给。只要总供给不随价格水平的变化而调整，价格水平就持续上升直到总需求重新等于总供给。结果，总产出与就业水平下降，价格水平、利率上升，总需求量下降。

在凯恩斯主义的总供给—总需求模型中，供给曲线由于名义工资的向下刚性而向上倾斜，就业量和产出水平都会随价格水平的变化而变化。当总需求扩大时，实际工资的下降就会增加就业量从而扩大产出。

"练习及思考" 精解

一、填空题

1. 总需求曲线表示<u>总需求和价格水平</u>关系。

2. 引起长期总供给曲线移动的原因主要有<u>劳动、资本、自然资源、技术水平</u>。

3. 凯恩斯效应指的是<u>物价水平</u>最先变化，最终引起总需求量的变化。

4. 凯恩斯的短期总供给曲线的形状是<u>水平线</u>，主要原因在于<u>当社会上存在大量的闲置设备和较为严重的失业时，厂商可以在现行工资水平下得到他们所需要的任何数量的劳动力，劳动的边际生产力不递减</u>。

5. 古典总供给曲线的形状是<u>垂直线</u>，主要原因在于<u>在长期中，经济中的劳动、资本、自然资源和技术水平决定物品和劳务的总供给量</u>。

二、判断题（下面判断正确的在括号内打√，不正确的打×）

1.（×）引起短期总供给曲线移动和引起长期总供给曲线移动的原因完全一样。

2.（√）凯恩斯认为，物价上升会引起实际货币供给量的减少，进而引起利率提高，导致投资需求减少，最后导致总需求量减少。

3.（×）古典经济理论认为，价格和工资具有向下的刚性。

4.（×）减税会导致总需求曲线移动，而不会引起总供给曲线的移动。

5.（×）总供给曲线垂直说明劳动市场存在市场失灵。

6.（√）总供给—总需求模型可以说明宏观经济均衡的情况。

三、选择题

1. 总需求曲线是由下面哪条曲线推导出来的？（C）

    A. IS 曲线 　　　　　　　　B. LM 曲线

    C. IS 曲线和 LM 曲线 　　　D. M/P 曲线

2. 总供给曲线是由以下哪个市场推导出来的？（A）

    A. 劳动市场均衡 　　　　　　B. 产品市场均衡

    C. 货币市场均衡 　　　　　　D. 消费市场均衡

3. 凯恩斯效应强调（C）。

    A. 价格对实际财富增加的影响

    B. 价格对货币供给量的影响

    C. 价格对利率的影响

    D. 价格对货币需求量的影响

4. 长期总供给曲线的移动，主要由下面哪个因素变动引起？（D）

    A. 资本存量 　　　　　　　　B. 劳动供给量

    C. 自然资源 　　　　　　　　D. 技术水平

5. 当实际总需求小于潜在总需求时会导致经济（A）。

    A. 萧条 　　　B. 高涨 　　　C. 滞胀 　　　D. 均衡

四、问答与论述题

1. 简述凯恩斯效应的主要含义。

答： 当其他条件不变、整体物价变动时，利率会发生变动。决定利率的因素是货币的供给与需求。当货币需求不变时，决定利率的就是货币供给，货币供给增加，利率下降，货币供给减少，利率上升。货币供给分为名义货币供给和实际货币供给。名义货币供给指流通中的货币量，用货币量度量；而实际货币供给指货币量所能购买到的实际商品和劳务的量。名义货币供给不变时，实际货币供给取决于物价水平，物价水平上升了，实际货币供给减少，利率上升；物价下降，实际货币供给增加，利率降低。

在企业预期投资收益不变的情况下，企业投资需求主要取决于利率，因为无论是自有资本还是借贷资本，利率都是企业投资的成本。

当其他条件不变时，利率下降会引起投资增加，利率上升会引起投资减少。投资与利率是反方向变动的关系。例如，当年利率为2.5％时，企业借贷200万元需支付利息成本5万元；而当利率升高为5％时，200万元则需支付利息10万元，为此，企业会由于利率成本的提高而减少投资。

投资需求是总需求的组成部分，物价水平变动通过对实际货币供给的影响利率，进而影响总需求，物价水平与总需求之间是反向变动的关系。这就是凯恩斯效应（Keynes Effect）。

2. 简述总需求曲线。

答： 总需求曲线指产品市场和货币市场同时达到均衡时的价格水平与国民收入之间的依存关系的曲线。所谓总需求，是指整个经济社会在每一个价格水平下对产品和劳务的需求总量，它由消费需求、投资需求、政府支出和国外需求构成。

在其他条件不变的情况下，当价格水平上升时，总需求水平就下降；当价格水平下降时，总需求水平就上升。总需求曲线向下倾斜，其机制在于：当价格水平上升时，将会同时打破产品市场和货币市场上的均衡。在货币市场上，价格水平上升导致实际货币供给下降，从而使LM曲线向左移动，均衡利率水平上升，国民收入水平下降。在产品市场上，一方面由于利率水平上升造成投资需求下降（即利率效应），总需求随之下降；另一方面，价格水平的上升还导致人们的财富和实际收入水平下降从而使人们的消费需求下降，同时引起本国出口产品相对价格的提高，本国的出口减少，国外需求减少，进口增加。这样，随着价格水平的上升，总需求水平就会下降。

3. 总供给曲线的形状是怎样的？为什么？

答： 总供给曲线的理论主要由总量生产函数和劳动力市场理论来反映，而在劳动力市场理论中，经济学家对工资和价格变化的调整速度的看法是有分歧的。

（1）古典总供给理论认为，劳动力市场运行没有摩擦，在工资和价格可以灵活变动的情况下劳动力市场得以出清，使经济的就业总能维持充分就业状态，从而在其他因素不变情况下，经济的产量总能保持在充分就业的产量或潜在产量水平上。因此，在以价格为纵坐标的坐标系中，古典总供给曲线是一条位于充分就业产量水平的垂直线。

（2）凯恩斯的总供给理论认为，在短期，一些价格是黏性的，从而不能根据需求的变动而调整。由于工资和价格粘性，短期总供给曲线不是垂直的。凯恩斯总供给曲线在以价格变动为纵坐标、收入为横坐标的坐标系中是一条水平线，表明经济中的厂商在现有价格水平上，愿意供给所需的任何数量的产品。凯恩斯总供给曲线的思想是，作为工资和价格黏性的结果，劳动力市场不能总维持在充分就业的状态，由于存在失业，厂商可以在现行工资下获得所需劳动。因而他们的平均生产成本被认为是不随产出水平变化而变化的。

（3）一些经济学家认为，古典的和凯恩斯总供给曲线分别代表着关于劳动力市场的两种极端的说法。在现实中，工资和价格的调整经常介于两者之间。在这种情况，在以价格为纵坐标、产量为横坐标的坐标系中，总供给曲线是向右上方延伸的，这即为常规的总供给曲线。

因此，针对总量劳动市场关于工资和价格的不同假定，宏观经济学中存在着三种类型的总供给曲线。

4. 请分析不同总供给曲线形状下的财政政策和货币政策的有效性。

答：古典总供给曲线是一条垂直线，它的政策含义为：增加需求的政策并不能改变产量，而只能造成物价上涨，甚至通货膨胀。如果国家采取扩张性财政政策或货币政策（相当于使总需求曲线向右移动），产量不但没有增加，反而使价格不断上涨。因此这时扩张型的财政政策或货币政策是无效的。

凯恩斯总供给曲线是水平的，它的政策含义为：只要国民收入或产量处于小于充分就业的水平，国家就可以使用增加需求的政策来使经济达到充分就业状态。因此，在达到充分就业水平前，增加内需的财政政策或货币政策都是有效的。在达到充分就业之后则是无效的。

常规总供给曲线是一条介于垂直和水平之间的向右上方倾斜的曲线，即增加内需的财政政策或货币政策都是有效的。

5. 用 AS-AD 模型分析通货膨胀、经济萧条、滞胀的形成，说明应采取的政策手段。并图示政策效果。

答：（1）通货膨胀的形成和应该采取的政策手段分析（参见教材相关内容）。

见教材《宏观经济学教程》第 111 页的图 4-13。从该图中可以看到，总需求曲线 AD 和总供给曲线 SAS 的交点 E 决定了均衡产量和均衡收入为 y，均衡价格水平为 P，此时的总需求水平较高，较高的总需求水平导致物价水平也高，企业产品脱销且利润扩大。因此，企业会进一步扩大生产规模，导致投资增加，物价继续走高，实际产出远大于充分就业的产出水平 Y_f，经济处于膨胀状态。此时政府应采用减少内需的紧缩性财政政策或货币政策，使总需求曲线向左下方移动。

（2）经济萧条的形成和应该采取的政策手段分析（参见教材相关内容）。

见教材《宏观经济学教程》第 111 页的图 4-12。从图 4-12 中可以看到，总需求曲线 AD 和总供给曲线 SAS 的交点 E 决定了均衡产量和均衡收入为 y，价格水平为 P，这种情况下的总需求水平较低。较低的总需求水平导致物价水平也低，企业产品积压并且利润下降，因此，企业会紧缩生产规模，导致失业增加，经济处于萧条状态。实际产出水平远低于充分就业的产出水平 Y_f。此时，政府应采用增加内需的扩张性财政政策或货币政策，使总需求曲线向右上方移动。

（3）滞胀的形成和应该采取的政策手段分析（参见教材相关内容）。

见教材《宏观经济学教程》第 111 页的图 4-14。从图 4-14 中可以看到，总需求曲线 AD，SAS 是短期总供给曲线。SAS_1 与 AD 的交点 E_1 决定的产量或收入为 Y_1，价格水平为 P_1，假定现在出现了供给冲击，短期总供给曲线 SAS_1 向左移动到 SAS_2，总需求曲线 AD 和短期总供给曲线 SAS_2 的交点 E_2，决定了产量为 Y_2，价格水平为 P_2，这样的产量低于原来的产量，说明存在着经济停滞，而价格水平却高于原来的价格水平，说明存在着通货膨胀，停滞和通货膨胀同时出现了。此时政府应采用减税政策，会引起总供给曲线右移，这样既有利于均衡产出增加，又有利于物价水平下降。

自测练习题

一、填空题

1. 古典的 AS-AD 模型基本含义是：在达到充分就业状态下，货币数量的增加，只能引起_____的提高。

2. 实际工资是用产品而不是用货币衡量的工资，它等于_____与_____的比值。

3. 总需求由消费需求、_____、政府购买需求和_____构成。

4. 当经济达到长期均衡时，总产出等于充分就业产出，失业率为_____。

5. 在 AD-AS 模型中，短期均衡是指_____和_____的交点。

6. 当一般价格水平上升时，在名义货币供给量不变的情况下，实际货币供给降低，资产市场均衡的实际利率增加，将会使总需求_____。

7. 长期总供给曲线所表示的总产出是经济中的_____产出水平。

二、判断题（下列判断正确的在括号内打 √，不正确的打 ×)

1.（　）货币乘数越大，AD 曲线越平坦。

2.（　）当 IS-LM 模型出现古典理论的极端情况时，AD 曲线为一条垂直线。

3.（　）总供给曲线同时反映了要素市场和产品市场的状态。

4.（　　）未预期的通货紧缩会改变人们的收入再分配，从而进一步减少总需求。

5.（　　）如果没有工资刚性假设，凯恩斯扩张性总需求政策基本无效。

6.（　　）总供给与总需求均衡是一种十分理想的状态。

7.（　　）总需求曲线表示社会的需求总量和价格水平之间的相反方向的关系，即总需求曲线是向右下方倾斜的。

8.（　　）宏观的总需求就是微观的需求的量的加总。

三、选择题

1. 在其他条件不变时，货币供应量的增加会使（　　）。
    A. LM 曲线向左上方移动
    B. IS 曲线向左上方移动
    C. AS 曲线向右上方移动
    D. AD 曲线向右上方移动

2. 当（　　）时，总需求曲线陡峭。
    A. 货币需求对收入的敏感变小
    B. 私人部门支出对利率不敏感
    C. 支出乘数较小
    D. 货币需求对利率更敏感

3. 总需求曲线向右下方倾斜是由于（　　）。
    A. 价格水平上升时，投资会减少
    B. 价格水平上升时，消费会减少
    C. 价格水平上升时，净出口会减少
    D. 以上所有因素

4. 当经济达到充分就业时，名义工资率的上升会（　　）。
    A. 使总需求曲线右移，使均衡水平位于更高的通货膨胀率和产量水平上
    B. 使总需求曲线和总供给曲线右移，使均衡水平位于更高的通货膨胀率和产量水平上
    C. 使总需求曲线和总供给曲线左移，使均衡水平位于更高的通货膨胀率和产量水平上
    D. 使总需求曲线右移和总供给曲线左移，均衡水平位于更高的通货膨胀率水平上而产量不变

5. 下面描述正确的是（　　）。
    A. 其他条件不变，政府支出减少会引起总需求曲线右移
    B. 其他条件不变，税收减少会引起总需求曲线左移
    C. 其他条件不变，价格水平上升会引起总需求曲线左移
    D. 其他条件不变，名义货币供给增加会引起总需求曲线右移

6. 假设经济实现充分就业，总供给曲线垂直，减税将（　　）。

　　A. 提高价格水平和实际产出

　　B. 提高价格水平但不影响实际产出

　　C. 提高实际产出但不影响价格水平

　　D. 对价格水平和产出均无影响

7. 政府实行积极财政政策，会引起 AD 曲线（　　）。

　　A. 向右移动　　　　　　　　B. 向左移动

　　C. 不变　　　　　　　　　　D. 无法判断

8. 以下哪个是导致总需求曲线向右下方倾斜的原因？（　　）

　　A. 利率效应　　　　　　　　B. 外汇效应

　　C. 价格效应　　　　　　　　D. 产出效应

四、计算题

1. 已知总供给曲线为 AS＝500P，总需求曲线为 AD＝600－50P。

（1）求供求平衡点；

（2）如果总供给不变，总需求上升 10％，求新的供求平衡点。

（3）如果总需求曲线不变，总供给上升 10％，求新的供求平衡点。

2. 设总供给函数为 Y_s＝2 000＋P，总需求函数为 Y_d＝2 400－P

（1）求供求均衡点；

（2）如总需求曲线向左平行移动 10％，求新的均衡点，并将该点与（1）的均衡点进行比较。

（3）如总需求曲线向右平行移动 10％，求新的均衡点，并将该点与（1）的均衡点进行比较。

（4）如总供给曲线向左平行移动 10％，求新的均衡点，并将该点与（1）的均衡点进行比较。

（5）本题的总供给曲线具有何种形状？属于何种类型？

3. 设消费函数 C＝100＋0.75Y，投资函数 I＝20－2r，货币需求函数 L＝0.2Y－0.5r，货币供给 M＝50，价格水平为 P。

（1）推导总需求曲线；

（2）当价格为 10 和 5 时，总需求分别为多少？

（3）推导政府购买增加 50 时的总需求曲线，计算价格为 10 和 5 时的总需求。

（4）推导货币供给增加 20 时的总需求曲线，计算价格为 10 和 5 时的总需求。

五、简答及论述题

1. 说明总需求曲线为什么向右下方倾斜。

2. 总需求曲线和单个商品的需求曲线有什么不同？

3. 在凯恩斯主义总供给—总需求模型中，某国经济在图 4-1 中点 E_0 处达到均衡，请问：

（1）在其他条件不变的情况下，原材料的单位实际成本增加，对

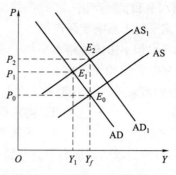

图 4-1　总供给－总需求模型

均衡产出和价格水平有什么影响?

（2）如果此时名义工资具有向下刚性,（1）中的非均衡会作怎样的调整? 当价格从 P_0 上升到 P_1 时。工人能够得到更高的名义工资吗?

（3）当价格与工资水平可完全伸缩,而政府又没有实施需求稳定的经济政策,在经济重新恢复充分就业水平的均衡时,名义工资和价格水平有什么变化?

（4）以宏观经济学中的总需求决定理论说明扩大政府采购的作用。

自测练习题答题要点

一、填空题

1. 价格水平

2. 名义工资　　价格水平

3. 投资需求　　国外需求

4. 自然失业率

5. 短期总需求曲线　　短期总供给曲线

6. 下降

7. 潜在

二、判断题（下列判断正确的在括号内打√,不正确的打×）

1.（√）【要点】根据货币乘数与 AD 曲线斜率的关系。

2.（×）【要点】当 IS-LM 模型出现凯恩斯主义的极端情况时,AS 曲线为一垂线。

3.（√）【要点】根据总需求曲线的含义。

4.（√）【要点】未预期的通货紧缩导致债务人负担及债权人实际财富增加。而通常债务人的边际消费倾向高于债权人。因此未预期的紧缩会使总需求减少。

5.（√）【要点】如果工资弹性，名义工资和价格水平会同比例提高，这样，政府扩张总需求的政策就失效了。

6.（×）【要点】在总供给曲线与总需求曲线的交叉点上，并不一定实现充分就业。

7.（√）【要点】根据总需求曲线的推导。

8.（×）【要点】宏观需求总量是国民收入，而不是简单将微观中需求曲线中某种产品的数量加总。

三、选择题

1. D【要点】扩张的货币政策都会使总需求曲线向右移动。

2. B【要点】根据影响总需求曲线的斜率因素。

3. D【要点】根据总需求曲线的推导。

4. D【要点】名义工资提高，价格不变时，实际工资增加，一方面意味着工人收入提高，总需求增加，另一方面，意味着成本提高，总供给曲线左移。

5. D【要点】根据总需求曲线移动影响因素。

6. B【要点】减税将提高总需求，但是总供给不能因此而改变，所以产出不变而价格上升。

7. A【要点】根据政策对总需求的影响。

8. A【要点】根据总需求曲线向右下方倾斜的原因。

四、计算题

1. 已知总供给曲线为 $AS=500P$，总需求曲线为 $AD=600-50P$。

（1）求供求均衡点；

（2）如果总供给不变，总需求上升 10%，求新的供求平衡点。

（3）如果总需求曲线不变，总供给上升 10%，求新的供求平衡点。

解：（1）由题意可知：$Y_s=AS=500P$，$Y_d=AD=600-50P$，
联立 Y_s、Y_d 方程并求解得：　　　$P=1.1$　　$Y=550$

（2）总需求上升 10% 以后，新的总需求曲线为 $Y_d=660-55P$
将其与原来的 Y_d 方程联立求解得：　　　$P=1.19$　$Y=595$

（3）总供给上升 10% 以后，新的总供给曲线为 $Y_s=550P$，
将其与原来的 Y_d 方程联立求解得：　　　$P=1$　$Y=550$
即政府支出增加挤占了 468 亿美元的私人投资。

2. 设总供给函数为 $Y_s=2\,000+P$，总需求函数为 $Y_d=2\,400-P$

（1）求供求均衡点；

（2）如总需求曲线向左平行移动 10%，求新的均衡点，并将该点与（1）的均衡点进行比较。

（3）如总需求曲线向右平行移动 10%，求新的均衡点，并将该点与（1）的均衡点进行比较。

（4）如总供给曲线向左平行移动 10%，求新的均衡点，并将该点

与 (1) 的均衡点进行比较。

(5) 本题的总供给曲线具有何种形状? 属于何种类型?

解: (1) 根据 $Y_s = Y_d$, 得:

$$2\,000 + P = 2\,400 - P$$

得供求均衡点为: $P = 200$, $Y_d = Y_s = 2\,200$

即得供求均衡点。

(2) 总需求曲线向左平移 10% 后, 新的总需求方程变化为:

$$Y_d = 2\,160 - P$$

于是, 由 $Y_s = Y_d$ 有:

$$2\,000 + P = 2\,160 - P$$
$$P = 80, Y_s = Y_d = 2\,080$$

与 (1) 相比, 新的均衡点上价格和总需求水平都小于 (1) 的均衡点水平, 说明经济处于萧条状态。

(3) 总需求曲线向右平移 10% 后, 新的总需求方程变化为:

$$Y_d = 2\,640 - P$$

根据 $Y_s = Y_d$ 有:

$$2\,000 + P = 2\,640 - P$$
$$P = 320, Y_s = Y_d = 2\,320$$

与 (1) 相比, 新的均衡表现出经济处于高涨状态。

(4) 总供给曲线向左平移 10% 后, 新的总供给方程为:

$$Y_s = 1\,800 + P$$

于是, 由 $Y_s = Y_d$ 有:

$$1\,800 + P = 2\,400 - P$$
$$P = 300, Y_s = Y_d = 2\,100$$

与 (1) 相比, 新的均衡表现出经济处于滞涨状态。

(5) 总供给曲线向右上方倾斜的直线, 属于常规总供给曲线。

3. 设消费函数 $C = 100 + 0.75Y$, 投资函数 $I = 20 - 2r$, 货币需求函数 $L = 0.2Y - 0.5r$, 货币供给 $M = 50$, 价格水平为 P。

(1) 推导总需求曲线;

(2) 当价格为 10 和 5 时, 总需求分别为多少?

(3) 推导政府购买增加 50 时的总需求曲线, 计算价格为 10 和 5 时的总需求。

(4) 推导货币供给增加 20 时的总需求曲线, 计算价格为 10 和 5 时的总需求。

解: (1) 因为 $C = 100 + 0.75Y$, $I = 20 - 2r$, 产品市场均衡条件为 $Y = C + I$,

所以 $Y = C + I = 100 + 0.75Y + 20 - 2r = 120 + 0.75Y - 2r$

整理得到 IS 曲线方程为: $Y = 480 - 8r$

由 $L=0.2Y-0.5r$，$M=50$，以及货币市场均衡条件 $M/P=L$ 可得：

$$50/P=0.2Y-0.5r$$

整理得到，LM 曲线方程为：$r=-100/P+0.4Y$

联立 IS、LM 方程并求解得，总需求曲线函数表达式为：

$$Y=114+190/P$$

(2) 当 $P=10$ 时，代入上述总需求曲线方程中，可得总需求为：

$$Y=114+190/10=133$$

同理，当 $P=5$ 时，总需求 $Y=152$

(3) 政府购买增加 50 时，由 $Y=C+I+G$ 可得新的 IS 曲线为：

$$Y=680-8r$$

结合 (1) 中的初始 LM 曲线，可推导得到新的总需求曲线为：

$$Y=162+190/P$$

当 $P=10$ 时，将之代入新的总需求曲线并求解得：

总需求 $Y=181$

同理，当 $P=5$ 时，总需求 $Y=200$

(4) 货币供给增加 20 时，由已知条件及货币市场均衡条件可得新的 LM 曲线：

$$r=0.4Y-140/P$$

结合 (1) 中的初始 IS 曲线，可推导得到新的总需求曲线为 $Y=114+267/P$

当 $P=10$ 时，将之代入 $Y=114+267/P$ 并求解得：总需求 $Y=140.7$

同理，当 $P=5$ 时，总需求 $Y=167.4$

五、简答与论述题

1. 说明总需求曲线为什么向右下方倾斜。

答：所谓总需求是指整个经济社会在每一个价格水平下对产品和劳务的需求总量，它由消费需求、投资需求、政府支出和国外需求构成。在其他条件不变的情况下，当价格水平提高时，国民收入水平就下降；当价格水平下降时，国民收入水平就上升。

总需求曲线向右下方倾斜的机制在于：当价格水平上升时，将会同时打破产品市场和货币市场的均衡。在货币市场上，价格水平上升导致实际货币供给下降，从而使 LM 曲线向左移动，均衡利率水平上升，国民收入水平下降。在产品市场上，一方面由于利率水平上升造成投资需求下降（即利率效应），总需求随之下降；另一方面，价格水平的上升还导致人们的财富和劳动工作实际收入水平下降及本国出口产品相对价格的提高从而使人们的消费需求下降，本国的出口也会减少，国外需求减少，进口增加。这样，随着价格水平的上升，总需求水平就会下降。

2. 总需求曲线和单个商品的需求曲线有什么不同？

答：（1）总需求是指总支出，单个商品需求是指商品数量；

（2）总需求受价格总水平的影响，单个商品的需求受相对价格的影响；

（3）二者都受到价格的影响。对前者的解释必须从利息率的变化入手，对后者的解释则是从替代效应和收入效应开始。

3. 在凯恩斯主义总供给－总需求模型中，某国经济在图 4-2 中点 E_0 处达到均衡，请问：

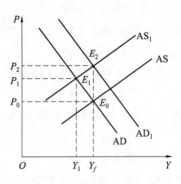

图 4-2　总供给－总需求模型

（1）在其他条件不变的情况下，原材料的单位实际成本增加，对均衡产出和价格水平有什么影响？

（2）如果此时名义工资具有向下刚性，（1）中的非均衡会作怎样的调整？当价格从 P_0 上升到 P_1 时。工人能够得到更高的名义工资吗？

（3）当价格与工资水平可完全伸缩，而政府又没有实施需求稳定的经济政策，在经济重新恢复充分就业水平的均衡时，名义工资和价格水平有什么变化？

（4）以宏观经济学中的总需求决定理论说明扩大政府采购的作用。

答：（1）原材料成本增加，引起总供给曲线 AS 左移至 AS_1。产出水平沿着 AD 曲线下降到 Y_1，价格水平从 P_0 上升到 P_1。

（2）当名义工资保持 W_0 的水平，又没有需求稳定政策的话，经济的产出将维持 Y_1 的水平，它低于充分就业水平 Y_f。这时，一方面价格水平从 P_0 上升到 P_1，实际工资下降；另一方面由于就业和产出都低于充分就业水平，名义工资不会下降，工人也不能要求一个更高的工资水平。

（3）当劳动力市场是完全竞争，名义工资可伸缩时，产出和就业低于充分就业水平就会使名义工资下降。名义工资下降减少了单位产出的成本，总供给曲线即从 AS_1 右移至 AS。经济在 Y_f 和 P_0 水平重新达到均衡。

（4）总需求是经济社会对产品和劳务的需求总量，这一需求总量通常以产出水平来表示。总需求由消费需求、投资需求、政府需求和国外需求构成。总需求曲线不仅在允许价格变动的条件下概括了所述的 IS-LM 模型，而且还较为直观地说明了财政政策和货币政策都是旨在影响总需求的所谓需求管理政策。

另一方面，总需求曲线只是给出了价格水平和以收入水平来表达的总需求水平之间的关系，并不能决定价格水平和均衡的总需求水平。为了说明整个经济价格水平和总产出水平是如何决定的，宏观经济学需要引出另一个分析工具，即总供给曲线。扩大政府采购后的影响分析如下。

① 扩张性财政政策是指政府通过扩大政府采购、减少税收等手段来刺激总需求以实现充分就业的一种政策选择，通常在经济萧条、失业严重的条件下被采用。总需求函数表示产品市场和货币市场同时达到均衡时的价格水平与国民收入间的依存关系。描述这一函数的曲线称为总需求曲线（AD曲线）。在其他条件不变的情况下，当价格水平提高时，国民收入水平就下降；当价格水平下降时，国民收入水平就上升。

② 扩大政府采购将使需求曲线外移，下面分析财政扩张使需求曲线外移的机理。在图 4-3（a）中，初始的 LM 和 IS 曲线对应着既定的名义货币量和价格水平 P_0。在 E 点达到均衡，在（b）图中有 AD 曲线上的点与之对应。

现在政府实行扩张性财政政策，如增加了对诸如基础设施的支出。其结果，IS 曲线向右上方移动。在初始价格水平上有一新的均衡在 E' 点形成，对应更高的利率和更高的收入、支出水平。这样，在初始价格 P_0，均衡收入和支出现在都提高了。在图 4-3（b）中用 E' 点标明这种状态。E' 点是新的总需求曲线 AD' 上的一点，它反映了增加政府支出的效果。同理，在图 4-3（b）中可以说明政府支出的增加在每一价格水平上如何导致了更高的均衡产量水平。通过这种方式得到整条 AD' 曲线的轨迹，它位于原来 AD 的右边。

总之，积极财政政策，例如，政府购买支出增加，会使图 4-3（a）的 IS 曲线移到 IS'。在任意给定的价格水平上，如 P_0，图 4-3（a）均衡点将移至 E'，对应着更高的产出 Y' 和更高的利率 i'。图 4-3（b）的 E' 点位于新的总需求曲线 AD' 上，对应着价格 P_0。同样地，可以在图 4-3（b）为每个价格水平确定出政府支出增加对均衡产量和支出影响，并表明当财政政策是扩张性的时候，AD 曲线将外移到 AD'。

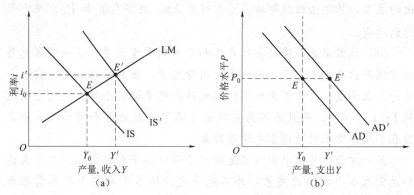

图4-3　扩张性财政政策对需求曲线的影响

考研真题汇总及答题要点

一、概念题

1. 附加预期的总供给函数（对外经贸大学，2007）

指加入预期价格后表示产出与价格变动关系的总供给函数，又称卢卡斯总供给函数，用公式一般表示为：

$$y = y^* = \gamma(P - \hat{P})$$

式中 y 为总产出，P 为价格水平，y^* 为经济的潜在产量，参数 $\gamma > 0$，$\hat{P}$ 为预期价格。

附加预期的总供给函数表明，经济的总产出与未被预期到的价格上升之间具有正相关关系。预期价格与实际价格的偏离会导致实际产出与经济正常产出的偏离，如果价格水平等于人们预期的值，则总供给等于自然率的产出水平。否则，随着现实价格水平超出预期的价格水平，产出增加到自然率水平之上。

2. 总需求曲线（上海交通大学，2007；厦门大学，2007）

表示产品市场和货币市场同时达到均衡时价格水平与国民收入间的依存关系的曲线。所谓总需求是指整个经济社会在每一个价格水平下对产品和劳务的需求总量，它由消费需求、投资需求、政府购买需求和国外需求构成。在其他条件不变的情况下，当价格水平提高时，国民收入水平就下降；当价格水平下降时，国民收入水平就上升。总需求曲线向下倾斜，其机制在于：当价格水平上升时，将会同时打破产品市场和货币市场上的均衡。在货币市场上，价格水平上升导致实际货币供给下降，从而使 LM 曲线向左移动，均衡利率水平上升，国民收入水平下降。在产品市场上，一方面由于利率水平上升造成投资需求下降（即利率效应），总需求随之下降；另一方面，价格水平的上升还导致人们的财富和实际收入水平下降以及本国出口产品相对价格的提高从而使人们的消费需求下降，本国的出口也会减少、国外需求减少，进口增加。这样，随着价格水平的上升，总需求水平就会下降。

3. 古典的总供给曲线（上海理工大学，2004）

古典的总供给曲线是指在长期中，经济的就业水平并不随着价格的变动而变动，而总处于充分就业的状态，此时，总供给曲线为一条垂直线。之所以如此，原因在于，根据古典经济学理论，劳动市场具有充分竞争性或工资具有充分弹性，劳动市场的充分竞争性保证了劳动市场经常处于均衡位置即劳动市场总是可以实现充分就业。因为劳动的供求主要受实际工资的影响。名义工资既定时，价格变动将引起实际工资变动，导致劳动市场非均衡；由于充分竞争性，非均衡将导致名义工资变动，直至重新回到均衡位置。

二、简答与论述题

1. 说明简单凯恩斯模型、IS-LM 模型和 AS-AD 模型的内容并分析这三个模型之间的内在联系。（武汉理工大学，2004；中国人民大学，2002；对外经济贸易大学，2009）

答：（1）简单凯恩斯模型。

在两部门经济中，国民收入的均衡条件为：总需求等于总供给，即 $AE=Y$。其中 $AE=C+I$，$Y=C+S$。因此 $AE=Y$，即 $C+I=C+S$，$I=S$。这就是两部门经济中国民收入决定的恒等式。图 4-4 中可见，如果 $I>S$，如 A 点，则意味着计划总需求大于实际产量，厂商的非合意存货减少，为了增加合意存货，厂商必然会扩大生产规模，增加产品供给，直至 $I=S$；如果 $I<S$，如 B 点，则意味着计划总需求小于实际产量，厂商的非合意存货增加，出现非合意存货大于零，为了减少非合意存货，厂商必然会缩小生产规模，减少产品供给，直至 $I=S$。

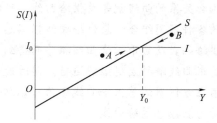

图 4-4 两部门均衡收入决定图示（储蓄函数法）

（2）IS-LM 模型。

IS 曲线上有一系列商品市场实现均衡的利率及收入组合点，均衡国民收入与利率间存在反方向变化的关系。在以 r 为纵轴，y 为横轴的坐标系上，IS 曲线是由左上向右下方倾斜的。在 LM 曲线上，是一系列使货币市场均衡的利率及收入组合点，在以 r 为纵轴，y 为横轴的坐标系上，LM 曲线是由左下向右上方倾斜的。IS-LM 模型就是将二者结合起来分析使两个市场同时均衡的收入和利率的情况。IS 曲线与 LM 曲线交于一点，在该点上，商品市场和货币市场同时达到均衡，其数值可通过解 IS 与 LM 的联立方程得到。

两个市场的失衡及调整：当收入与利率组合点位于 IS 曲线左下方，投资大于储蓄，即 $I>S$，有超额产品需求，从而导致收入上升，组合点右移；当收入与利率组合点位于 IS 曲线右上方，$I<S$，有超额产品供给，从而导致收入下降，组合点会左移。当收入与利率组合点位于 LM 曲线左上方时，货币需求小于货币供给，即 $L<M$，有超额货币供给，从而导致利率下降，提高货币需求，组合点会下移；当收入与利率组合点位于 LM 曲线右下方时，$L>M$，有超额货币需求，从而导致利率上升，抑制货币需求，组合点会上升。这四种调整使不均衡组合点最终趋向均衡利率与均衡收入。（参见教材《宏观经济学教程》第 3 章，图 3-17 中从非均衡调整为均衡的过程）。

（3）AS-AD 模型。

总供给—总需求模型是将总需求与总供给结合在一起，用来分析均衡国民收入与总价格水平的决定及其变动的国民收入决定模型。其中，总需求是指整个社会经济在每一价格水平下对产品和劳务的需求总量，总需求函数表示产品市场和货币市场同时达到均衡时的价格水平和国民收入之间的数量关系。描述这一函数关系的曲线被称为总需求曲线。由于财产效应（庇古效应）、利率效应（凯恩斯效应）和汇率效应（弗莱明－蒙代尔效应）等因素的存在，总需求曲线呈现出是一条向右下方倾斜的曲线。这说明在其他条件不变的情况下，价格水平和国民收入的反方向变动关系。

总供给是指整个经济社会在每一价格水平下提供的产品和劳务的总量。总供给函数表示国民收入（总产出量）和价格水平之间的数量关系。描述这一函数关系的曲线就是总供给曲线，可以用来表示国民收入和价格水平的各种不同组合。总供给曲线根据总生产函数、劳动需求函数和劳动供给函数及货币工资曲线推导而得到。经济学试图用总供给曲线和总需求曲线解释宏观经济运行。同时使用长期和短期总供给曲线。把向右上方倾斜的总供给曲线称为短期总供给曲线，把垂直的总供给曲线称为长期总供给曲线。

从图 4-5（a）中可以看到，短期的收入和价格水平的决定有两种情况。第一种情况是，AD 是总需求曲线，AS_S 是短期总供给曲线，二者交点 E 决定的收入或产量为 Y，价格水平为 P，二者都处于很低的水平。这种情况表示经济处于萧条状态。第二种情况是，当总需求增加，总需求曲线从 AD 向右移动到 AD'，短期总供给曲线 AS_S 和新的总需求曲线 AD' 的交点 E' 决定的产量或收入为 Y'，价格水平为 P'，二者都处于很高的水平，这种情况表示经济处于高涨状态。

（4）内在联系。

简单凯恩斯模型假设价格不变、利息率不变。用乘数理论刻画财政政策效应。该模型对总产出决定和政策效应的分析实际上是总需求分析。

IS-LM 模型保持价格不变的假设。重点引入货币因素从而使利息率变动对宏观经济的影响。该模型分析在利息率可变情况下的总产出决定，并分析利息率决定。对财政政策效应的分析既保留了乘数效应，又引入挤出效应。还分析了货币政策效应。但是，该模型仍然是总需求分析。

总供求模型放弃了价格不变假设，引入劳动市场从而分析总供给对宏观经济的影响，并分析了价格水平的决定。不仅分析了需求管理政策的产出效应，而且分析了它的价格效应。不仅进行了总需求分析，而且进行了总供给分析。

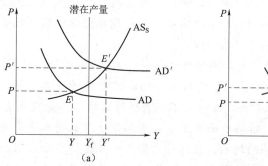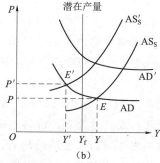

图 4-5　国民收入和价格的形成与变化

2. 请用经济理论判断总供给曲线和总需求曲线的斜率的正负号？请说明理由（中央财经大学，2009）

答：总需求是指整个社会经济在每一价格水平下对产品和劳务的需求总量，总需求函数表示产品市场和货币市场同时达到均衡时的价格水平和国民收入之间的数量关系。描述这一函数关系的曲线被称为总需求曲线。由于财产效应（庇古效应）、利率效应（凯恩斯效应）和汇率效应（弗莱明—蒙代尔效应）等因素的存在，总需求曲线呈现出是一条向右下方倾斜的曲线。这说明在其他条件不变的情况下，价格水平和国民收入的反方向变动关系。因此，总需求曲线的斜率为负。

总供给是指整个经济社会在每一价格水平下提供的产品和劳务的总量。总供给函数表示国民收入（总产出量）和价格水平之间的数量关系。描述这一函数关系的曲线就是总供给曲线，可以用来表示国民收入和价格水平的各种不同组合。总供给曲线根据总生产函数、劳动需求函数和劳动供给函数及货币工资曲线推导而得到。古典经济学派由此导出的供给曲线反映了价格水平和国民收入呈同方向变动的关系。因此，把向右上方倾斜的总供给曲线称为短期总供给曲线，此时，总供给曲线的斜率大于零，为正值；把垂直的总供给曲线称为长期总供给曲线。此时，总供给曲线的斜率等于零。

3. 利用总供给和总需求的分析说明均衡的国民收入和价格水平是怎样形成和怎样变化的？（北京师范大学，2009）

答：（1）总需求是指整个社会经济在每一价格水平下对产品和劳务的需求总量，总需求函数表示产品市场和货币市场同时达到均衡时的价格水平和国民收入之间的数量关系。总需求曲线向右下方倾斜，表明在其他条件不变的情况下，价格水平和国民收入的反方向变动关系。总供给是指整个经济社会在每一价格水平下提供的产品和劳务的总量。总供给函数表示国民收入（总产出量）和价格水平之间的数量关系。

（2）作为凯恩斯主义重要代表的主流经济学派试图用总供给曲线和总需求曲线解释宏观经济运行。他们同时使用长期和短期总供给曲线。他们把向右上方倾斜的总供给曲线称为短期总供给曲线，把垂直的总供给曲线称为长期总供给曲线。

我们先考虑均衡产出和均衡价格的形成，如图 4-5 所示。从图 4-5（a）中可以看到，短期的收入和价格水平的决定有两种情况。第一种情况是，AD 是总需求曲线，AS_S 是短期总供给曲线，二者交点 E 决定的收入或产量为 Y，价格水平为 P，二者都处于很低的水平。此时在短期内达到国民经济的均衡，在这种均衡下形成的价格和产出就是均衡价格和均衡产出。当从长期看，均衡产出低于潜在产出，这种情况表示经济处于萧条状态。第二种情况是，当总需求增加，总需求曲线从 AD 向右移动到 AD'，短期总供给曲线 AS_S 和新的总需求曲线 AD' 的交点 E' 决定的产量或收入为 Y'，价格水平为 P'，此时总供给曲线和总需求曲线的交点也是短期的均衡点，从而决定了短期的均衡产出和均衡价格。但从长期看，均衡产出高于潜在产出水平，这种情况表示经济处于高涨状态。

我们再考虑均衡产出和均衡价格的变动。现在假定短期总供给曲线由于受到供给冲击（如石油价格和工资等提高）而向左移动，但总需求曲线不发生变化。在这种情况下，短期收入和价格水平的决定可用图 4-5（b）表示。

在图 4-5（b）中，AD 是总需求曲线，AS_S 是短期总供给曲线，二者交点 E 决定的产量或收入为 Y，价格水平为 P。现在出现供给冲击，AS_S 左移到 AS'，与总需求曲线 AD 交于 E'，E' 点所决定的产量为 Y'，价格水平为 P'，从而达到新的短期均衡点，在短期内均衡产出下降，均衡价格上升。这个产量低于原来的产量，而价格水平却高于原来的价格水平，这种情况表示经济处于滞胀状态，即经济停滞和通货膨胀结合在一起的状态。

4. 分析宏观经济均衡的条件。（华中科技大学，2006）

答： 宏观经济的均衡是指一国经济的总供给和总需求相等，从而实现了宏观经济的平衡这样一种状态。宏观经济均衡包括产品和货币市场的均衡及劳动市场的均衡。

宏观经济均衡的条件是总供给与总需求相等（AS＝AD），或总储蓄等于总投资（$S＝I$）。

当 $S＞I$ 时，即 AS＞AD 时，生产过剩，供过于求，导致存货上升，价格下降，利润减少，企业缩减生产，解雇工人，这一过程表现为经济衰退和失业增加的过程。

当 $S＜I$ 时，即 AS＜AD 时，生产不足，存货下降，导致价格上涨，利润增加，此时企业扩大生产，增雇工人，表现为经济扩张过程。

因此，只有当 $S＝I$ 时，宏观经济实现了均衡。

5. 说明主流学派的经济学家是怎样用总供求分析法解释经济的"滞胀"状态的。（华中科技大学，2007）

答：（1）总供给和总需求的含义。

总供给是指整个经济社会在每一价格水平下提供的产品和劳务的总量。总供给函数表示国民收入（总产出量）和价格水平之间的数量关系。描述这一函数关系的曲线就是总供给曲线，可以用来表示国民收入和价格水平的各种不同组合。总供给曲线可以根据总生产函数、劳动需求函数和劳动供给函数及货币工资曲线推导而得到。

总需求指整个社会经济在每一价格水平下对产品和劳务的需求总量，总需求函数表示产品市场和货币市场同时达到均衡时的价格水平和国民收入之间的数量关系。描述这一函数关系的曲线被称为总需求曲线。由于实际资产效应、跨期替代效应和开放替代效应等因素，总需求曲线向右下方倾斜，表明在其他条件不变的情况下，价格水平和国民收入的反方向变动关系。可以从简单的凯恩斯模型和 IS-LM 模型中推导出总需求曲线。

作为凯恩斯主义重要代表的主流经济学派试图用总供给曲线和总需求曲线来解释宏观经济运行。他们同时使用长期和短期总供给曲线。他们把向右上方倾斜的总供给曲线称为短期总供给曲线，把垂直的总供给曲线称为长期总供给曲线。

（2）运用总供求分析法对经济"滞胀"状态的解释。

从图 4-6（a）中可以看到。短期的收入和价格水平的决定有两种情况。第一种情况是，AD 是总需求曲线，AS_S 是短期总供给曲线，二者交点 E 决定的收入或产量为 Y，价格水平为 P，二者都处于很低的水平。这种情况表示经济处于萧条状态。第二种情况是，当总需求增加，总需求曲线从 AD 向右移动到 AD′，短期总供给曲线 AS_S 和新的总需求曲线 AD′ 的交点 E′ 决定的产量或收入为 Y′，价格水平为

P'，二者都处于很高的水平，这种情况表示经济处于高涨状态。

现在假定短期总供给曲线由于受到供给冲击（如石油价格和工资等提高）而向左移动，但总需求曲线不发生变化。在这种情况下，短期收入和价格水平的决定可用图 6-14（b）表示。

在图 4-6（b）中，AD 是总需求曲线，AS_S 是短期总供给曲线，二者交点 E 决定的产量或收入为 Y，价格水平为 P。现在出现供给冲击，AS_S 左移到 AS'_S，与总需求曲线 AD 交于 E'，E' 点所决定的产量为 Y'，价格水平为 P'。这个产量低于原来的产量，而价格水平却高于原来的价格水平，这种情况表示经济处于滞胀状态，即经济停滞和通货膨胀结合在一起的状态。

（3）治理滞胀的对策。

在政策主张上，主流学派经济学家认为，虽然资本主义经济在长期内可以处在充分就业的均衡状态，总需求增加只是提高了价格水平，而不改变产量或收入，如图 4-6（c）所示；但短期内的萧条和过度繁荣是不可避免的，仍然可以给社会带来损失。因此，有必要执行凯恩斯主义的经济政策，以熨平萧条和过度繁荣所带来的经济波动，使经济持续处于稳定的充分就业的状态。

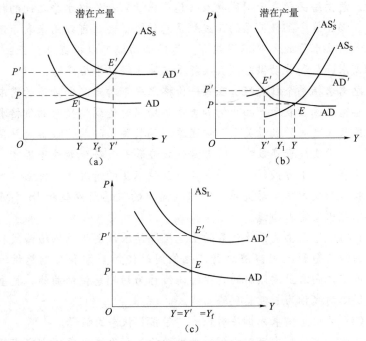

图 4-6　总供求分析对滞胀的解释

政府治理滞胀的对策主要有：① 紧缩的货币政策；② 积极的财政政策：实施减税和增加财政支出，利用财政杠杆调节产业结构和产品结构。

6. 根据西方主流经济学的相关理论，在什么情况下需要扩大总需

求？通过哪些途径扩大总需求？（中国人民大学，2002）

答：（1）总需求是指整个社会经济在每一价格水平下对产品和劳务的需求总量，总需求函数表示产品市场和货币市场同时达到均衡时的价格水平和国民收入之间的数量关系。描述这一函数关系的曲线被称为总需求曲线。由于实际资产效应等效应作用，总需求曲线向右下方倾斜，表明在其他条件不变的情况下，价格水平和国民收入的反方向变动关系。可以从简单的凯恩斯模型和 IS-LM 模型中推导出总需求曲线。

（2）当总需求小于总供给，也就是有效需求不足，出现通货紧缩趋势时，应采取措施扩大总需求，促进经济增长和结构调整，抑制通货紧缩。政府采取扩张性财政政策，如政府支出扩大，或扩张性货币政策，都会使总需求扩大。

7. 对总需求和总供给曲线的研究，涉及了"三个市场和一个总量函数"。请就此分别作简要说明。（武汉大学，2006）

答：对总需求和总供给曲线的研究涉及了三个市场和一个总量函数，三个市场是指产品市场、货币市场、劳动市场，一个总量函数是指总量生产函数。

短期总供给模型中，存在着四个方程，即：

产品市场均衡条件：$I(r) + g = s(y-t) + t$

式中，g 和 t 分别为政府购买和税收。

货币市场均衡条件：$\dfrac{M}{P} = L_1(y) + L_2(r)$

劳动市场均衡条件：$f(N) = \dfrac{W}{P}$，$W = \overline{W}$

总量生产函数：$y = y(N, \overline{K})$

从上面四个方程可以确定 y、N、r 和 P。

长期总供给模型也存在着四个方程：

产品市场均衡条件：$I(r) + g = s(y-t) + t$

货币市场均衡条件：$\dfrac{M}{P} = L_1(y) + L_2(r)$

劳动市场均衡条件：$f(N) = \dfrac{W}{P}$，$h(N) = \dfrac{W}{P}$

式中，f 和 h 分别为劳动的需求函数和供给函数。

总量生产函数：$y = y(N, \overline{K})$

通过四个联立方程，可以求得 y、N、r 和 P 的数值。

三、计算题

1. 已知 W 国的宏观经济可以用下列一组方程式来描述：

消费函数：	$C = 120 + 0.8Y$	①
投资函数：	$I = 50 - 200r$	②
收入恒等式：	$Y = C + I$	③
货币需求函数：	$L = (0.5Y - 500r)P$	④

其中，C 为消费，Y 为国民收入，I 为投资，r 为利率，P 为价格总水平，L 为货币需求。

（1）如果在 2003 年，W 国的价格总水平为 2，货币供应量为 500。试写出 W 国的 IS 曲线和 LM 曲线方程。

（2）写出 W 国的总需求函数。

（3）W 国的宏观经济均衡时国民收入和利率分别是多少？（中国人民大学，2004）

解：（1）当产品市场均衡时，有

$$Y = C + I = 120 + 0.8Y + 50 - 200r$$

所以 IS 曲线为

$$r = 0.85 - 0.001Y$$

当货币市场均衡时，有

$$M = LP$$

即

$$500 = (0.5Y - 500r) \times 2$$

所以 LM 曲线为

$$r = 0.001Y - 0.5$$

（2）由 IS 曲线

$$r = 0.85 - 0.001Y$$

LM 曲线

$$M = (0.5Y - 500r)P$$

解 IS 曲线和 LM 曲线联立方程，消去 r

得

$$Y = 425 + \frac{500}{P}$$

即为总需求曲线。

（3）将 $r = 0.85 - 0.001Y$，$r = 0.001Y - 0.5$ 联立，解得：

$$r = 0.175, Y = 675$$

即宏观经济均衡时的均衡利率为 0.175，均衡收入为 675。

2. 三部门组成的经济的消费函数 $C = 80 + 0.8Y_d$，投资函数 $I = 20 - 5r$，货币需求函数 $L = 0.4Y - 10r$，政府购买支出 $G = 20$，税收 $T = 0.25Y$，名义货币供应量 $M = 90$，充分就业的国民收入为 285，其中 r 是利率，Y_d 是可支配国民收入，Y 是国民收入。

（1）若价格水平 $P = 2$，则 IS-LM 决定的均衡国民收入与利率各为多少？

（2）若总供给曲线为 $Y = 235 + 40P$，则总需求曲线与总供给曲线决定的均衡国民收入和价格各为多少？

（3）若通过变动政府购买而实现充分就业，则求政府购买的变动量与价格水平。

（4）若通过变动货币供应量而实现充分就业，则需要如何变动货币供应量？（上海财大，2007）

解: (1) $Y = C + I + G = 80 + 0.8(Y - 0.25Y) + 20 - 5r + 20$

$$0.4Y + 5r = 120 \qquad \text{IS 方程}$$

$$\frac{M}{P} = \frac{90}{2} = 0.4Y - 10r$$

$$0.4Y - 10r = 45 \qquad \text{LM 方程}$$

由 IS 和 LM 方程得:

$$Y = 237.5$$

$$r = 5$$

(2) 由

$$0.4Y + 5r = 120 \qquad \text{IS 方程}$$

$$\frac{M}{P} = \frac{90}{P} = 0.4Y - 10r \qquad \text{LM 方程}$$

得:

$$Y = 200 + \frac{75}{P} \qquad \text{AD 方程}$$

又

$$Y = 235 + 40P \qquad \text{AS 方程}$$

将 AS 方程代入 AD 方程, 得均衡国民收入和价格

$$Y = 275$$

$$P = 1$$

(3) $\quad Y = C + I + G = 80 + 0.8(Y - 0.25Y) + 20 - 5r + G \qquad$ ①

$$\frac{90}{P} = 0.4Y - 10r \qquad \text{②}$$

$$Y = 235 + 40P \qquad \text{③}$$

$$Y = 285 \qquad \text{④}$$

由③④得:

$$P = 1.25$$

代入②

$$r = 4.2$$

代入①

$$G = 35$$

所以应增加政府购买 15。

(4) $\quad Y = C + I + G = 80 + 0.8(Y - 0.25Y) + 20 - 5r + 20 \qquad$ ①

$$\frac{M}{P} = 0.4Y - 10r \qquad \text{②}$$

$$Y = 235 + 40P \qquad \text{③}$$

$$Y = 285 \qquad \text{④}$$

得:

$$r = 1.2$$

$$P = 1.25$$

$$M = 127.5$$

所以应增加货币供给 $127.5 - 90 = 37.5$。

3. 假设 AD-AS 模型为: $Y = \overline{Y} + 25(P - P^e)$, $Y = 50 + 4M - 50P$, 这里 Y, $\overline{Y}$, P, P^e, M 分别为产出、充分就业的产出、价格水平、预期价格以及货币存量。在经济处于均衡状态时, $\overline{Y} = 100$, $P = 1$, 请计算货币存量水平 M; 若货币当局没有预期地突然决定将该货币存量降低 50%, 那么, 价格 P 和收入 Y 各为多少? 当经济恢复长

期均衡时，价格 P 和收入 Y 又分别为多少？请画图说明调整过程。（厦门大学，2009）

解：（1）在经济处于均衡状态时，$\overline{Y}=100$，$P=1$，

所以　　　　　　　　$100=50+4M-50$

得　　　　　　　　　　$M=25$

（2）求经济均衡条件下的 $P^e=1$，当货币当局没有预期地突然决定将该货币存量降低 50% 时，预期价格不变，$M'=\dfrac{25}{2}$。

AD 曲线表示为：　　　　$Y=100-50P$

AS 曲线表示为：　　　　$Y=100+25(P-1)$

由 AD＝AS 得：　　　　$P=\dfrac{1}{3}$　　$Y=\dfrac{250}{3}$

（3）当经济恢复均衡时，经济又处于充分就业状态，所以 $Y=\overline{Y}=100$，根据 AD 曲线，$100=50+4\times\dfrac{25}{2}-50P$，得 $P=0$。图形说明如下：

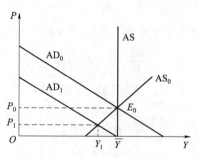

图 4-7　收入和价格的变动

如图 4-7 所示，在初始状态时，经济处于充分就业状态，长期总供给曲线为 $Y=\overline{Y}$，短期总供给曲线为 $Y=\overline{Y}+25(P-P^e)$，AS 曲线和 AD 曲线相交于 E_0 点，此时的均衡收入为 $\overline{Y}$，物价为 P_0。减少货币供给量，AD 曲线右移到 AD_1，在短期内 AD_1 和 AS_0 相交，此时的均衡产出为 Y_1，物价为 P_1，当长期内，AD 曲线和 AS 曲线相交，均衡产出为 $\overline{Y}$，物价水平为 0。

4. 设一个市场的总需求（AD）方程为 $Y=120-20P$，经济的供给方面按照卢卡斯供给方程运行，经济中的数量 $i=100$。代表性厂商的供给方程为 $Y_i=4(P_i-P^e)+1$，每个厂商形成预期价格水平的方式是 $P^e=P_{-1}+0.5(P_i-P_{-1})$。试求：

（1）在解出单个厂商的产品价格 P_i 的基础上，求解卢卡斯总供给（AS）方程。

（2）假设 $P_{-1}=1$，经济均衡时的总产出 Y 和价格水平 P。

（3）如果 AD 突然上升，AD 方程变为 $Y=131-20P$ 时的 Y 和

P_0。(上海交通大学，2004)

解： (1) 将预期价格 $P^e = P_{-1} + 0.5(P_i - P_{-1})$ 代入代表性厂商的供给方程，得到

$$Y_i = 2(P_i - P_{-1}) + 1$$

将经济中所有的厂商加总，得到卢卡斯总供给方程为

$$Y = 200(P - P_{-1}) + 100$$

(2) 当 $P_{-1} = 1$ 时

卢卡斯总供给函数为

$$Y = 200P - 100$$

总需求函数为

$$Y = 120 - 20P$$

联合解得经济均衡时的总产出和价格水平

$$Y = 100, \quad P = 1$$

(3) 当总需求曲线上升时，联合新的总需求曲线和总供给曲线

$$Y = 131 - 20P$$

$$Y = 200P - 100$$

解得 $\quad\quad Y = 110, \quad P = 1.05$

第5章
失业与通货膨胀

学习要求及重点

1. 学习要求

•了解失业和通货膨胀的含义。

•理解失业的危害和通货膨胀的类型、菲利普斯曲线的含义。

•掌握失业产生的原因、奥肯定律、通货膨胀种类及其发生的原因、菲利普斯曲线。

2. 学习重点

•失业的含义及其分类。

•失业的原因与危害、奥肯定律。

•通货膨胀的含义和种类、度量。

•通货膨胀发生的原因及其影响。

•失业与通货膨胀的关系、菲利普斯曲线。

汉英关键词汇对照及定义

1. 失业（Unemployment）：指劳动者在一定年龄范围内，在考察期内有工作能力、愿意工作而没有工作，并处在寻找工作的状态。它与就业是相对的概念。

2. 自愿性失业（Voluntary Unemployment）：指劳动者不愿意接受现行的工资标准而造成的失业。

3. 非自愿失业（Involuntary Unemployment）：指劳动者愿意接受现行的工资标准、并正在努力寻找工作、但仍找不到工作的失业状态。

4. 摩擦性失业（Frictional Unemployment）：指劳动者在不同地区、不同工种、不同工作岗位转换过程中造成的临时性、局部性失业。

5. 结构性失业（Structural Unemployment）：指由于产业结构的

变化造成的失业。经济高速发展、社会产业结构和居民消费结构快速变化等是造成结构性失业的主要原因。

6. 季节性失业（Seasonal Unemployment）：指由于季节变化因素造成的失业。

7. 周期性失业（Cyclical Unemployment）：指由于经济周期性波动造成的失业。

8. 自然失业率（The Natural Rate of Unemployment）：指在没有货币因素干扰（通货膨胀率为 0）的情况下，劳动市场和商品市场自发供求力量作用时，总需求和总供给处于均衡状态的失业率。所谓没有货币因素干扰，是指失业率高低与通货膨胀高低之间不存在替代关系。

9. 奥肯定律（Okun's Law）：由美国经济学家奥肯 1971 年提出，它描述的是失业率和实际 GDP 增长率变动之间的关系，即失业率超出自然失业率 1%，将引起实际 GDP 低于潜在 GDP 2%。

10. 通货膨胀（Inflation）：是指价格总体水平的显著的、持续的上升。或者说，通货膨胀是指大多数商品和劳务的价格持续和轮番的上涨。通货膨胀表现为货币贬值或货币购买力下降。

11. 通货紧缩（Deflation）：是指一般价格水平的持续和轮番的下降。通货紧缩和衰退是相联系的。

12. 消费价格指数（Consumer Price Index，CPI）：度量消费者家庭所消费的主要消费品价格在过去一段时间内的变化程度。

计算公式为：$CPI = \dfrac{\text{一组固定零售商品按当期价格计算的价值}}{\text{按基期价格计算的价值}} \times 100\%$

13. 生产物价指数（Producer Price Index，PPI）：反映企业生产过程所消耗的主要中间投入品，如原材料、燃料、动力等中间产品价格在过去一段时期内的变化程度。

计算公式为：$PPI = \dfrac{\text{一组固定原料和中间投入品按当期价格计算的价值}}{\text{按基期价格计算的价值}} \times 100\%$

14. 需求拉动通货膨胀（Demand Pull Inflation）：指总供给水平基本保持不变的情况下，由于总需求超过总供给引起的一般价格水平的持续显著上涨。

15. 成本推动型通货膨胀（Cost Push Inflation）：指在没有超额需求的情况下，由供给成本的提高引起的一般价格水平持续和显著上涨。成本推动型通货膨胀包括三种：工资成本推动型通货膨胀；利润推动型通货膨胀；进口型通货膨胀与出口型通货膨胀。

16. 结构型通货膨胀（Structural Inflation）：指由于经济的各个行业和各个部门之间发展的不平衡，所导致的一般价格水平的上涨。

17. 惯性的通货膨胀（Inertial Inflation）：也叫预期的通货膨胀，

当居民对通货膨胀已经形成预期并采取自我保护时，通货膨胀会在需求拉动和成本推动的相互作用下愈演愈烈，由这类保护行为所引起的通货膨胀，称为惯性的通货膨胀。

18. 菲利普斯曲线（Phillips Curve）：是一条用来描述失业与通货膨胀之间关系的曲线，它最早是由英国著名经济学家 W. 菲利普斯提出，后经萨缪尔森等人改进，把描述失业和通货膨胀的这种交替关系的工具称为菲利普斯曲线。

核 心 内 容

1. 国际劳工组织（ILO）1982 年在瑞士日内瓦召开的在第 13 届国际劳工统计大会上给出的："失业是指在一定年龄范围内，在考察期内有工作能力、愿意工作而没有工作，并在寻找工作的状态。"我国对失业的界定是："年龄在 16 周岁以上，在调查期间没有工作、愿意接受最低标准的工资且已采取实际行动寻找工作的人员所处的状态。"在具体操作中，各国对失业的定义事实上存在着很大差异。

2. 按照失业的性质，失业可以分为摩擦性失业、结构性失业、周期性失业和季节性失业四种。摩擦性失业对劳动者来说是短期的、过渡性的，是人们在工作岗位调换中出现的正常现象，因此，通常不被认为是严重的、需要治理的社会问题；结构性失业的特点是大量失业人口和职位空缺并存，而失业者因没有适当的技术和能力，无法填补空缺的职位；季节性失业指由于季节变化因素造成的失业；周期性失业指由于经济周期性波动造成的失业。

3. 当经济社会实现充分就业时，仍然存在失业。此时，社会失业率称为自然失业率，自然失业率是指在没有货币因素干扰（即通货膨胀率为 0）的情况下，劳动市场和商品市场自发供求力量作用时，总需求和总供给处于均衡状态的失业率。自然失业率并不是一个固定不变的值，它随着经济社会的发展而变化，一般由政府根据有关调研数据来确定。

4. 失业的经济影响体现在，失业率上升往往伴随着经济增长率的下降，而经济增长率的下降则意味着社会总产出的减少。根据奥肯定律，超出自然失业率 1% 的失业率，将导致实际 GDP 低于潜在 GDP 2%。

5. 通货膨胀（Inflation）是指价格总体水平的显著的、持续的上升。或者说，通货膨胀是指大多数商品和劳务的价格持续和轮番的上涨。因此，个别商品价格上涨并不能说发生了通货膨胀。甚至，当一个国家或地区发生通货膨胀时，不排除个别商品价格不上涨甚至下降。

6. 按一般价格水平上涨速度，通货膨胀可以分为温和（爬行）的通货膨胀、奔腾的通货膨胀和恶性通货膨胀；按对价格影响的差别，通货膨胀可以分为均衡的通货膨胀和非均衡通货膨胀；按预料程度，通货膨胀可以分为预期到的通货膨胀和未预期到的通货膨胀。发生通货膨胀的原因大体有四个，即货币发行过多、需求拉动、成本推动和经济结构的变化。

7. 通货膨胀会给人们的经济生活带来很大的影响，一个直接后果是它会造成社会财富的重新分配。在发生通货膨胀时，居民财富的存在形式对其财富变化的影响也是很大的。非均衡的通货膨胀会扭曲价格关系；需求拉动型通货膨胀会促进总产出水平的提高；成本推动型通货膨胀会抑制经济增长、引致失业；恶性通货膨胀会使货币丧失交换职能，导致经济陷入混乱、甚至崩溃。

8. 失业和通货膨胀是宏观经济运行中最常遇到的两个问题，而且是两个有内在联系的问题，它们的内在联系表现为，当政府着力解决其中一个问题时，另一个问题会显现出来。也就是说，如果政府努力降低失业率，则通货膨胀率会上升；反之，如果政府出台政策治理通货膨胀，则失业率又会提高，总是面临两难取舍。描述失业和通货膨胀的这种交替关系的工具称为菲利普斯曲线。

"练习及思考" 精解

一、填空题

1. 国际劳工组织对失业的解释是，失业是指在一定年龄范围内，在考察期内有工作能力、愿意工作而没有工作，并在寻找工作的状态。

2. 按照失业的性质分类，失业包括摩擦性失业、结构性失业、季节性失业和周期性失业四种。

3. 通常，我们衡量通货膨胀的指数有消费者物价指数、生产者物价指数和 GDP 折算指数。

4. 通货膨胀率在 10% 以内的称为温和的通货膨胀，通货膨胀率达到两位数以上的称为奔腾的通货膨胀，通货膨胀率超过 100% 的称为恶性通货膨胀。

5. 可能产生通货膨胀的原因主要有货币发行过多、需求拉动、成本推动和经济结构的变化四种。

6. 按照通货膨胀的再分配效应，就收入形式来说，通货膨胀有利于靠变动收入维持生活的人，不利于靠固定货币收入维持生活的人；就借贷关系来说，通货膨胀有利于债务人，不利于债权人。

二、判断题（下面判断正确的在括号内打√，不正确的打×）

1.（×）当所有的劳动力都找到了工作时，经济社会就实现了充分就业。

2.（×）摩擦性失业、结构性失业、周期性失业都是严重的社会问题，需要政府出台措施进行治理。

3.（×）通货膨胀意味着高物价。

4.（×）当经济发生通货膨胀时，消费者与生产者均受其害。

5.（√）均衡的通货膨胀并不会产生社会财富的再分配效应。

6.（×）通货膨胀在引起一般物价水平上涨的同时，也会刺激社会总产出水平的增加。

三、选择题

1. 充分就业的含义是（E）。

A. 人人都有工作

B. 每个有劳动能力的人都有工作

C. 只存在摩擦性失业的就业状态

D. 只存在自愿性失业的状态

E. C 和 D

2. 根据奥肯定律，失业率每高于自然失业率 1%，实际 GDP 将低于潜在 GDP（B）。

A. 1%　　　　B. 2%　　　　C. 3%　　　　D. 5%

3. 年通货膨胀率达到 80% 的通货膨胀称为（B）。

A. 温和的通货膨胀　　　　B. 奔腾的通货膨胀

C. 超级通货膨胀　　　　　D. 恶性通货膨胀

4. 如果导致通货膨胀的原因是"货币过多而商品过少"，则此时的通货膨胀是（B）。

A. 结构型的　　　　　　　B. 需求拉上型的

C. 成本推动型的　　　　　D. 混合型的

5. 下列哪一项可能不是产生通货膨胀的原因？（C）

A. 中央银行增发货币　　　B. 政府增加支出

C. 政府增发国债　　　　　D. 工资水平上升

6. 通货膨胀（B）。

A. 有利于获得固定收入的人，不利于获得变动收入的人

B. 有利于获得变动收入的人，不利于获得固定收入的人

C. 对两类人都有利

D. 对两类人都不利

7. 菲利普斯曲线说明，降低通货膨胀率将（C）。

A. 降低失业率　　　　　　B. 抑制经济增长

C. 提高失业率　　　　　　D. 促进经济增长

四、问答与论述题

1. 衡量通货膨胀的指标有哪些？各自有什么特点？

答：一般来说，用价格指数来反映一定时期内若干种商品价格水平的变化程度。常用的衡量通货膨胀的价格指数有三个，即消费者价格指数 CPI（Consumer Price Index，也称零售物价指数）、生产者物价指数 PPI（Producer Price Index，也称批发物价指数）和 GDP 折算系数。

最常用的衡量通货膨胀的价格指数是消费者物价指数 CPI，它反映消费者家庭所消费的主要消费品价格在过去一段时期内的变化程度，CPI 的计算公式为：

$$CPI = \frac{一组固定零售商品按当期价格计算的价值}{按基期价格计算的价值} \times 100\%$$

生产者物价指数 PPI 的计算公式为：

$$PPI = \frac{一组固定原料和中间投入品按当期价格计算的价值}{按基期价格计算的价值} \times 100\%$$

PPI 反映企业生产过程所消耗的主要中间投入品，如原材料、燃料、动力等中间产品价格在过去一段时期内的变化程度。因为企业生产成本的上升最终都会反映在其生产的最终产品价格上，所以，一般来讲，生产者物价指数 PPI 是消费者物价指数 CPI 的先行指标，也就是说，发生通货膨胀一般都是 PPI 上涨在先，CPI 上涨在后。

用 CPI 和 PPI 测算经济社会一般价格水平的变动都不够全面，因为它们分别只反映消费者消费的最终产品和企业消耗的中间投入品价格的变动幅度，而 GDP 折算系数则是比较全面反映社会商品价格变动幅度的理想指标。

2. 通货膨胀对经济有何影响？

答：通货膨胀对经济的影响体现在三个方面。

（1）再分配效应。通货膨胀的再分配效应主要体现在以下几点。第一，通货膨胀不利于靠固定货币收入维持生活的人，有利于靠变动收入维持生活的人。第二，就借贷关系来说，通货膨胀不利于储蓄者，有利于借贷者；不利于债权人，有利于债务人。第三，公共部门是通货膨胀的最大受益者，公共部门成了最大的债务人。各国实行的个人所得税基本上都是累进制的，这使人们在经历通货膨胀时交纳的税赋比例提高，税赋增加。

（2）对财富存在形式的影响。一般来讲，如果持有的财产为可变价格资产，如房屋、土地、汽车、贵重金属、收藏品等，那么他可能受到的损失比较小，甚至得益；如资产财富存在形式为不变价格的金融资产，如现金、银行存款等，则可能受到的影响比较大，甚至严重受损。

（3）产出效应。通货膨胀的产出效应：如果发生的通货膨胀是非均衡的，则产品价格的变动幅度会有很大差别，有的显著上涨，有的只是轻微上升，有的甚至下降，从而造成社会商品的比价关系发生扭曲；如果是需求拉动型通货膨胀，则会促进总产出水平的提高；如果是成本推动型通货膨胀则会抑制经济增长、引致失业；当然，如果是恶性通货膨胀会使货币丧失交换职能，导致经济陷入混乱、甚至崩溃。

3. 如果你的房东说："工资、公用事业及别的费用都涨了，我也只能提你的房租。"这属于需求拉上还是成本推进的通货膨胀？如果某店主说："可以提价，别愁卖不了，店门口排队争购的多着呢!"这又属于什么类型的通货膨胀？

答：前一句话说的是成本推动型通货膨胀。因为房东说"工资、公用事业及别的费用都涨了"，这句话明确说明工资上涨导致了物价上涨。工资成本推动型通货膨胀理论认为，强有力的工会组织对雇主提出过分的增加工资的要求，使工资的增长率大于劳动生产率的增长率，这就引起产品成本的提高和物价水平的上升。它存在于不完全竞争的劳动市场、有工会的部门中，工会的压力迫使雇主不得不提高工资。由于工资决定中的"攀比原则"，没有工会的部门也不得不提高工资。这样，一个部门的工资提高，迟早会扩展到所有的部门。厂商无法抵制这种工资的提高，只好把工资的增加打入成本，提高产品的价格，于是在总需求没有任何增加的情况下，就产生了工资成本推动型通货膨胀。

后一句话说的是需求拉动的通货膨胀。需求拉动型通货膨胀是指，在总供给水平基本保持不变的情况下，由于总需求超过总供给引起的一般价格水平的持续显著上涨。超额的总需求可能来自于居民消费需求、国外需求，也可能是由于企业过量增加投资或政府加大财政支出力度造成的。本题中，店主说"店门口排队争购的多着呢"，这句话就说明消费（者）过量增加。

自测练习题

一、填空题

1. 我国对失业的界定是："年龄在 16 周岁以上，在调查期间_____、愿意接受_____的工资且已采取实际行动寻找工作的人员所处的状态。"

2. 结构性失业是指由于_____的变化造成的失业。经济高速发展、_____和_____快速变化是造成结构性失业的主要原因。

3. 自然失业率是指在没有＿＿＿＿＿＿＿＿干扰（即通货膨胀率为 0）的情况下，劳动市场和商品市场自发供求力量作用时，＿＿＿＿＿＿和＿＿＿＿＿＿处于均衡状态的失业率。

4. 常用的衡量通货膨胀的价格指数有三个，即＿＿＿＿＿＿、＿＿＿＿＿＿和 GDP 折算系数。

5. 超额的总需求可能来自于＿＿＿＿＿＿、国外需求，也可能是由于企业＿＿＿＿＿＿或政府加大财政支出力度造成的。

6. 成本推动型通货膨胀可分为三种：＿＿＿＿＿＿型通货膨胀、＿＿＿＿＿＿型通货膨胀和进口型通货膨胀与出口型通货膨胀。

二、判断题（下列判断正确的在括号内打√，不正确的打 ×）

1. （　　）结构性失业是指由于经济周期性波动造成的失业。一般来说，当产业结构调整时，所有领域的失业都会随之增加。

2. （　　）奥肯定律说明超出自然失业率 1% 的失业率，将产生 2% 的 GDP 缺口。

3. （　　）人们会根据实际发生的情况不断调整自己的预期，所以长期菲利普斯曲线将不断移动。

4. （　　）由需求拉动诱发的通货膨胀给社会带来的财富再分配等负面影响不大，所以对产出和就业总是存在有正面的扩大效应。

5. （　　）常规菲利普斯曲线表示，社会通货膨胀率和失业率成反向变动，如果通货膨胀率下降，则失业率上升；如果通货膨胀率上升，则失业率下降。

6. （　　）通货膨胀表现为货币贬值或货币购买力下降。

三、选择题

1. 以下哪个不是结构性失业的原因？（　　）
　　A. 经济高速发展　　　　　B. 产业结构变化
　　C. 失业人口和职位空缺并存　D. 居民消费结构变化

2. 年通货膨胀率达到 8% 的通货膨胀称为？（　　）
　　A. 恶性通货膨胀　　　　　B. 温和的通货膨胀
　　C. 超级通货膨胀　　　　　D. 奔腾的通货膨胀

3. 下列哪个原因不可能造成超额的总需求？（　　）
　　A. 居民消费增加　　　　　B. 国际供给增加
　　C. 企业过量增加投资　　　D. 政府财政支出增加

4. 下列哪个曲线是说明失业与通货膨胀之间的替代关系的？（　　）
　　A. 拉弗曲线　　　　　　　B. BP 曲线
　　C. 菲利普斯曲线　　　　　D. 经济增长曲线

5. 下列哪一项不会引起成本推进型通货膨胀？（　　）
　　A. 货币供给过多　　　　　B. 垄断利润
　　C. 工会要求加薪　　　　　D. 石油涨价

6. 一般用来衡量通货膨胀的物价指数是（　　）。

    A. 消费者价格指数　　　　　　B. 商品零售价格指数

    C. GDP 折算数　　　　　　　　D. 以上都正确

7. 假定某国某年有 10.8 亿劳动人口，其中 9.7 亿人有工作，0.5 亿人在寻找工作，0.25 亿人放弃寻找工作，0.35 亿人不愿工作。官方统计的失业率约为（　　）。

    A. 10.19%　　B. 6.94%　　　C. 5.65%　　D. 4.63%

8. 设 N、E、U 分别为社会劳动力总数、就业者人数和失业者人数，l 为离职率，l 为计算期失去工作的就业者比例，f 为就职率，即计算期找到工作的失业者比例，并假定劳动力总数 N 不变。当劳动市场处于稳态时，自然失业率等于（　　）。

    A. $l/(l+f)$　　B. $1/(l+f)$　　C. $f/(l+f)$　　D. $1/l$

四、问答与论述题

1. 凯恩斯主义认为非自愿性失业的原因是什么？

2. 奥肯定律是什么？它有怎样的启示？

3. 成本推进型通货膨胀产生的原因有哪些？

4. 请使用菲利普斯曲线解释失业与通货膨胀的关系。

自测练习题答题要点

一、填空题

1. 没有工作　　最低标准

2. 产业结构　　社会产业结构　　居民消费结构

3. 货币因素　　总需求　　总供给

4. 消费者价格指数　　生产者物价指数

5. 居民消费　　过量增加投资

6. 工资成本推动　　利润推动

二、判断题（下列判断正确的在括号内打 √，不正确的打 ×）

1. (×)【要点】根据结构性失业的定义。

2. (√)【要点】根据奥肯定律的含义。

3. (×)【要点】根据长期菲利普斯曲线的含义。

4. (×)【要点】由需求拉动诱发的通货膨胀会给社会带来的财富再分配等大的负面影响。

5. (√)【要点】根据常规菲利普斯曲线的含义。

6. (√)【要点】通货膨胀一般都表现为货币贬值或货币购买力下降。

三、选择题

1. C【要点】结构性失业的表现为失业人口和职位空缺并存，而非其产生的原因。

2. B【要点】小于、等于10％以内的通货膨胀率被称为温和的通货膨胀。

3. B【要点】超额的总需求才可能由于国外需求增加所导致。

4. C【要点】根据菲利普斯曲线的含义。

5. A【要点】货币供给过多会引起需求拉动型通货膨胀。

6. D【要点】根据衡量通货膨胀的物价指数的种类。

7. D【要点】根据失业含义计算所得。

8. A【要点】根据自然失业率公式计算所得。

四、问答与论述题

1. 凯恩斯主义认为非自愿性失业的原因是什么？

答：凯恩斯主义认为，非自愿性失业是社会有效需求不足导致的，由于工资的下降是刚性的，市场机制并不能自动消除失业，政府应通过需求管理政策降低失业率。

2. 奥肯定律是什么？它有怎样的启示？

答：奥肯于1971年在《繁荣的政治经济学》中提出了这样的结论：超出自然失业率1％的失业率，将产生2％的GDP缺口。这就是奥肯定律。用公式可以表示为：

$$\frac{y-y_f}{y_f}=-\alpha(u-u^*)$$

式中，y表示经济社会的实际产出水平；y_f表示潜在产出水平；u表示实际失业率；u^*表示自然失业率。学者们认为，奥肯定律揭示了产品市场与劳动市场之间极为重要的联系。它描述了GDP与失业率之间关系。奥肯定律给我们的启示是：为防止失业率上升，实际GDP必须保持和潜在GDP同样快的增长速度；而要降低失业率，则必须使实际GDP增长率快于潜在GDP增长率。

3. 成本推进型通货膨胀产生的原因有哪些？

答：成本推进型通货膨胀产生的原因主要有三种。（1）工资成本推动型通货膨胀。强有力的工会组织对雇主提出过分的增加工资的要求，使工资的增长率大于劳动生产率的增长率，这就引起产品成本的提高和物价水平的上升。它存在于不完全竞争的劳动市场、有工会的部门中，工会的压力迫使雇主不得不提高工资。由于工资决定中的"攀比原则"，没有工会的部门也不得不提高工资。这样，一个部门的工资提高，迟早会扩展到所有的部门。厂商无法抵制这种工资的提高，只好把工资的增加打入成本，提高产品的价格，于是，在总需求没有任何增加的情况下，就产生了工资成本推动型通货膨胀。（2）利润推动型通货膨胀。在市场拥有垄断地位的厂商可以自行决定产品价格，这样，他们就可以不管市场商品的供求关系，以成本增加为借口，使产品价格上升的幅度大于成本增加的幅度。这种厂商为了获得更多利润而使价格上升所引起的通货膨胀就是利润推动型通货膨胀。这种通货膨胀的根源在于商品市场的不完全竞争。（3）进口型通货膨胀与出口型通货膨胀。一国经济中一些重要的进口品价格上升会引起用这些进口品作为原料的本国产品生产成本的上升，从而导致物价水平的上涨。这种类型的成本推动通货膨胀就是进口型通货膨胀，也称输入型通货膨胀，这种通货膨胀极容易变为滞胀。与此相应，如果出口迅速扩张，以致出口生产部门的边际生产成本上升，国内市场的产品供给不足，也会导致国内物价水平上升，这种情况就是出口型通货膨胀。

4. 请使用菲利普斯曲线解释失业与通货膨胀的关系。

答： 失业和通货膨胀是宏观经济运行中最常遇到的两个问题，而且是两个有内在联系的问题，它们的内在联系表现为，当政府着力解决其中一个问题时，另一个问题会显现出来。也就是说，如果政府努力降低失业率，则通货膨胀率会上升；反之，如果政府出台政策治理通货膨胀，则失业率又会提高，总是面临两难取舍。

失业和通货膨胀的这种交替关系是萨缪尔森等人在改进 W. 菲利普斯于 1958 年在《1861—1957 年英国失业和货币工资变动率之间的关系》一文中提出的思想后提出的。

在图 5-1 中，横轴表示失业率，纵轴表示通货膨胀率。菲利普斯曲线表示，社会通货膨胀率和失业率成反向变动，如果通货膨胀率下降，则失业率上升，反之亦然。一般来说，政府希望通货膨胀和失业都处在一个适度的范围，即有一个社会临界点，在这个临界范围内，可以认为社会物价水平和就业运行在安全区域，政府不进行干预；如果超出这个临界点，政府就需要以牺牲另一个为代价进行治理。也就是说，如果失业率过高，政府会以提高通货膨胀率为代价来降低失业率；反之，如果发生严重的通货膨胀，政府会把稳定物价水平作为首要目标，即使失业率上升也在所不惜。

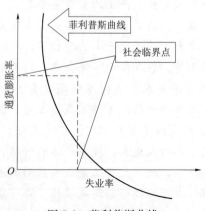

图 5-1 菲利普斯曲线

菲利普斯曲线的解析式为：

$$\pi = -\varepsilon(u - u^*)$$

其中，π 为通货膨胀率，u 为失业率，u^* 为自然失业率，ε 是衡量通货膨胀率对失业率反应程度的系数。从式中可以看出，当社会处在充分就业状态、即实际失业率为自然失业率时，通货膨胀率恰好为 0。

考研真题汇总及答题要点

一、概念题

1. 自然失业率（中国人民大学，2003；武汉大学，2006；北京大学，2007；北京航空航天大学，2008；中山大学，2009）

答：自然失业率又称"有保证的失业率""正常失业率""充分就业失业率"等，指在没有货币因素干扰的情况下，让劳动市场和商品市场自发供求力量起作用时，总供给和总需求处于均衡时的失业率。所谓没有货币因素干扰，指的是失业率的高低与通货膨胀的高低之间不存在替代关系。自然失业率是充分就业时仍然保持的失业水平。自然失业率决定于经济中的结构性和摩擦性的因素，取决于劳动市场的组织状况、人员组成、失业者寻找工作的能力愿望、现有工作岗位的类型、经济结构的变动、新加入的劳动者队伍人数等因素。任何把失业降低到自然失业率以下的企图都将造成加速的通货膨胀。

任何时候都存在着与实际工资率结构相适应的自然失业率。自然失业率是弗里德曼对菲利普斯曲线发展的一种观点，他将长期的均衡失业率称为"自然失业率"，它可以和任何通货膨胀水平相适应，且不受其影响。

2. 通货膨胀（Inflation）（中南财经政法大学，2004；武汉大学，2003；南开大学，2005；财政部，2006）

答：通货膨胀（Inflation）是指价格总体水平的显著的、持续的上升。或者说，通货膨胀是指大多数商品和劳务的价格持续和轮番的上涨。因此，个别商品价格上涨并不能说发生了通货膨胀，甚至当一个国家或地区发生通货膨胀时，不排除个别商品价格不上涨甚至下降。通货膨胀表现为货币贬值或货币购买力下降。

一般，表示通货膨胀程度的是通货膨胀率，其计算公式如下：

$$\pi = \frac{P_t - P_{t-1}}{P_{t-1}}$$

衡量通货膨胀的时间周期 t 一般为一年，但如果发生比较严重的通货膨胀，一年的通货膨胀率会达到天文数字，为了更有效地测算商品和服务价格变动的幅度，需要缩短时间周期，如一个月、甚至一天。

如果把价格 P 看成时间 t 的连续函数，$P=P(t)$，则：$\pi=\dfrac{\frac{\mathrm{d}P}{\mathrm{d}t}}{P}$

3. 消费价格指数（Consumer Price Index，CPI）（武汉大学，2002）

答：也称零售物价指数和生活费用指数，是反映消费品（包括劳务）价格水平变动状况的一种价格指数，一般用加权平均法来编制。消费价格指数是用来衡量通货膨胀和通货紧缩程度的指标之一。它根据若干种主要日用消费品的零售价格及服务费用而编制，用公式来表示为：

$$CPI=\frac{\text{一组固定商品按当期价格计算的价值}}{\text{一组固定商品按基期价格计算的价值}}\times100$$

消费价格指数的优点是能及时反映消费品供给与需求的对比关系，资料容易搜集，能够迅速直接地反映影响居民生活的价格趋势。其缺点是范围较窄，只包括社会最终产品中的居民消费品的这一部分，因而不足以说明全面的情况。例如，品质的改善可能带来一部分消费品价格而非商品劳务价格总水平的提高，但消费价格指数不能准确地表明这一点，因而有夸大物价上涨幅度的可能。

4. 结构型通货膨胀（华中科技大学，2002；武汉大学，2000；北京交通大学，2005）

答：结构型通货膨胀是指由于经济的各个行业和各个部门之间发展的不平衡，所导致的一般价格水平的上涨。一般来说，在经济发展过程中，生产率的不同造成不同部门发展速度快慢不同。而发展慢或衰落的部门工资和价格向发展快的部门"看齐"，导致一般价格水平的上涨，诱发通货膨胀。

5. 菲利普斯曲线（Phillips Curve）（首都经济贸易大学，2001；北京工业大学，2005；北京航空航天大学，2006；华中科技大学，2006）

答：失业和通货膨胀是宏观经济运行中最常遇到的两个问题，而且是两个有内在联系的问题，它们的内在联系表现为，当政府着力解决其中一个问题时，另一个问题会显现出来。也就是说，如果政府努力降低失业率，则通货膨胀率会上升；反之，如果政府出台政策治理通货膨胀，则失业率又会提高，总是面临两难取舍。失业和通货膨胀的这种交替关系最早是由英国著名经济学家 W. 菲利普斯于1958年在《1861—1957年英国失业和货币工资变动率之间的关系》一文中最先提出，后经萨缪尔森等人改进，把描述失业和通货膨胀的这种交替关系的工具称为菲利普斯曲线。

6. 结构性失业（浙江大学，2004；中山大学，2003；北京工商大

学，2004；财政部，2006）

答： 结构性失业是指由于产业结构的变化造成的失业。经济高速发展、社会产业结构和居民消费结构快速变化是造成结构性失业的主要原因。例如，电子计算机的普及使打字机失去了市场，以操作打字机为生的打字员也就没有了用武之地；家用空调器的出现导致电风扇生产企业倒闭；家庭轿车的大量增加使很多单位不再需要专职司机；数字程控交换技术的快速发展使电话接线员不得不改换新的职业，等等。结构性失业的特点是大量失业人口和职位空缺并存，而失业者因没有适当的技术和能力，无法填补空缺的职位。例如，因为环境污染或土地成本上升迫使钢铁厂迁出城市会造成该市出现钢铁工人失业，而新投资崛起的电子信息产业却同时面临着软件工程师稀缺的问题。

7. 摩擦性失业（中山大学，2002；大连理工大学，2005；中山大学，2005；南京航空航天大学，2006）

答： 摩擦性失业（Frictional Unemployment）是指劳动者在不同地区、不同工种、不同工作岗位转换过程中造成的临时性、局部性失业。如举家迁移到新的城市，工作还没有着落；大学生刚从学校毕业，尚未找到工作；孕妇在生育后需要重新归入劳动者队伍等，都属于摩擦性失业。摩擦性失业对劳动者来说是短期的、过渡性的，是人们在工作岗位调换中出现的正常现象。因此，通常不被认为是严重的、需要治理的社会问题。

8. 充分就业（华东理工大学，2006；上海理工大学，2006）

答： 宏观经济学中所讲的充分就业有两种理解：一是广义的理解，是指所有的生产要素都按自己意愿的价格参与生产的状态；二是狭义的理解，专指劳动这种生产要素，即经济中消灭周期性失业的就业状态。因此，当经济社会实现充分就业时，仍然存在失业。此时，社会失业率称为自然失业率，自然失业率是指在没有货币因素干扰（即通货膨胀率为 0）的情况下，劳动市场和商品市场自发供求力量作用时，总需求和总供给处于均衡状态的失业率。

9. 奥肯定律（北京航空航天大学，2005；厦门大学，2006；东北财经大学，2006；南京大学，2006；上海交通大学，2006；武汉大学，2006）

答： 奥肯于 1971 年在《繁荣的政治经济学》中提出奥肯定律，即经济中超出自然失业率 1% 的失业率，将产生 2% 的 GDP 缺口。用公式表示为：

$$\frac{y-y_{\mathrm{f}}}{y_{\mathrm{f}}}=-\alpha(u-u^{*})$$

在这个公式中，y 表示经济社会的实际产出水平；y_{f} 表示潜在产出水平；u 表示实际失业率；u^{*} 表示自然失业率。奥肯定律说明了劳动资源没有充分利用带来的社会经济代价。

二、简答与论述题

1. 什么是核心通货膨胀？核心通货膨胀概念是怎样产生的？（浙江大学，2001）

答： 核心通货膨胀指经济主体在其行动决策中有关未来可能出现的情况的预期，又称预期通货膨胀。人们在不同的场合还使用另外一些名称，如惯性通货膨胀、基础通货膨胀。在20世纪60年代末至70年代初期，西方国家出现了"滞胀"的局面，单从传统的总需求或总供给因素已不能解释当时的通货膨胀，由此提出核心通货膨胀的概念，试图作为有别于需求因素和成本因素对通货膨胀率的决定有重大影响的第三个因素。

2. 按西方经济学的失业原理，为什么会发生失业？（北京师范大学，2003）

答： 按照西方经济学的失业原理，一般失业的原因归为如下几类。

（1）摩擦性失业，指劳动者在不同地区、不同工种、不同工作岗位转换过程中造成的临时性、局部性失业。如新生劳动力找不到工作，工人想转换工作岗位时出现的工作中断等。

（2）季节性失业，由于某些行业生产条件或产品受气候条件、社会风俗或购买习惯的影响，使生产对生产力的需求出现季节性变化而导致的失业。如我国北方农业的"冬闲"使得以农业为生的农民在冬季处于事实上的失业状态等。

（3）结构性失业，指由于经济中产业结构变化引起的失业。经济高速发展、居民消费结构快速变化以及生产方式、规模变化，促使劳动力结构进行相应调整而导致的失业，它包括技术性失业，即由于使用新机器、设备和材料，采用新的生产工艺和新的生产管理方式，出现社会局部劳动力过剩而导致的失业。

（4）周期性失业，市场经济国家由于经济的周期性萎缩而导致的失业。

3. 简述通货膨胀对经济的影响。（中央财经大学，2006）

答： 有些经济学家认为，需求拉动的通货膨胀对经济有一定的促进作用，但这是在短期有作用。但从长期来看，通货膨胀对经济是有害的。主要体现在以下几个方面。

（1）通货膨胀对收入和财富分配的影响。在通货膨胀不能完全预期的情况下，通货膨胀会从这样几个方面对收入和财富分配的影响。一是通货膨胀将降低工人和其他靠固定货币收入生活的人们的实际收入水平；二是通货膨胀使债权人的利益受损而使债务人受益；三是通货膨胀会使政府受益，而纳税人成为受害者。

（2）通货膨胀对经济效率会有影响。通货膨胀会扭曲价格信号，不利于厂商进行生产性活动。尤其是发生非均衡的高通货膨胀时更是如此。在发生通货膨胀后，厂商需不断调整其产品和劳务价格，而这种改变会发生成本变动。

（3）通货膨胀对经济增长的宏观影响。在长期内，通货膨胀率与国内生产总值存在一种倒 U 形关系，即通货膨胀率较低的国家，其经济增长速度较快，而通货膨胀率较高的国家，其经济增长速度较慢。

（4）通货膨胀对就业的影响。在成本推动的通货膨胀情况下，会增加失业。

4. 什么是短期的菲利普斯曲线？其移动的原因是什么？对失业和通货膨胀有什么影响？（中国人民大学，2004）

答：（1）短期的菲利普斯曲线是一条描述失业率和通货膨胀率之间交替变动的曲线，该曲线说明失业率和通货膨胀率之间存在替代关系，失业率高则通货膨胀率低，失业率低则通货膨胀率高。

（2）菲利普斯曲线并不是一种固定不变的替代关系，当通货膨胀预期发生改变时，菲利普斯曲线会发生移动，对于这种移动，经济学家做出了如下两个解释。

第一，通货膨胀率预期变化导致短期菲利普斯曲线的移动。将适应性预期应用到菲利普斯曲线中，则失业率不仅与实际的通货膨胀率有关，而且还与通货膨胀率的预期值有关。对于每一个既定的预期通货膨胀率都有一条短期的菲利普斯曲线与之相对应，当预期的通货膨胀率发生变化时，短期的菲利普斯曲线也会发生移动。

第二，自然失业率变化导致短期菲利普斯曲线移动。经济学家认为，经济中存在着最低可持续的失业率，即自然失业率。经济中的自然失业率并不是长期不变的，由于技术变动，劳动力在部门之间和地区之间的流动等因素会使自然失业率发生变化，当通货膨胀率的预期不变时，自然失业率的变动会使菲利普斯曲线发生移动。

（3）由于菲利普斯曲线的移动，失业率和通货膨胀率之间没有了原来的替代关系。事实上，在长期中，不管实际的通货膨胀率多高，人们都会根据实际情况不断调整自己的通货膨胀率预期，直到通货膨胀率预期与实际通货膨胀率相等。因此，长期的菲利普斯曲线是一条垂直于失业率轴的垂线，它描述了当菲利普斯曲线移动时，失业率和通货膨胀率的关系。即不管通货膨胀率多高，失业率在长期中总是固定在自然失业率水平上。

5. 试述失业的类型及失业对社会的影响，并联系中国实际阐述相应的反失业政策。（金融联考，2004；东北财经大学，2006）

答：（1）失业是指有劳动能力、愿意接受现行工资水平但仍然找不到工作的现象。经济学中所说的失业指非自愿失业。

具体来说，失业可以分为摩擦性失业、结构性失业、季节性失业和周期性失业等不同的种类。

　　按照劳动者的意愿，我们可以把失业分为自愿性失业（Voluntary Unemployment）和非自愿失业（Involuntary Unemployment）两种。自愿性失业是指劳动者不愿意接受现行的工资标准而造成的失业；非自愿失业是指劳动者愿意接受现行的工资标准、并正在努力寻找工作，但仍找不到工作的失业状态。

　　摩擦性失业（Frictional Unemployment）是指劳动者在不同地区、不同工种、不同工作岗位转换过程中造成的临时性、局部性失业。如举家迁移到新的城市，工作还没有着落；大学生刚从学校毕业，尚未找到工作；孕妇在生育后需要重新归入劳动者队伍等，都属于摩擦性失业。摩擦性失业对劳动者来说是短期的、过渡性的，是人们在工作岗位调换中出现的正常现象，因此，通常不被认为是严重的、需要治理的社会问题。

　　结构性失业（Structural Unemployment）是指由于产业结构的变化造成的失业。经济高速发展、社会产业结构和居民消费结构快速变化是造成结构性失业的主要原因。例如，电子计算机的普及使打字机失去了市场，以操作打字机为生的打字员也就没有了用武之地；家用空调器的出现导致电风扇生产企业倒闭；家庭轿车的大量增加使很多单位不再需要专职司机；数字程控交换技术的快速发展使电话接线员不得不改换新的职业等。结构性失业的特点是大量失业人口和职位空缺并存，而失业者因没有适当的技术和能力，无法填补空缺的职位。例如，因为环境污染或土地成本上升迫使钢铁厂迁出城市会造成该市出现钢铁工人失业，而新投资崛起的电子信息产业又同时使它面临着软件工程师稀缺的问题。

　　季节性失业（Seasonal Unemployment）是指由于季节变化因素造成的失业。例如，旅游胜地在旅游旺季就业人口增加，而到了旅游淡季则失业人口增加；江河湖海的休渔制度会造成在休渔期渔民的失业，我国北方农业的"冬闲"则使得以农业为生的农民在冬季处于事实上的失业状态，这些都属于季节性失业。

　　周期性失业（Cyclical Unemployment）是指由于经济周期性波动造成的失业。一般来说，当经济陷入衰退、社会总需求和总供给下降时，所有领域的失业都会随之增加，而当经济开始复苏、社会总需求和总供给上升时，所有领域的失业又都会随之减少。

　　区分摩擦性失业、结构性失业、季节性失业和周期性失业可以帮助政府决策者和经济学家们准确了解劳动力市场的状态，并采取针对性的政策解决失业问题。一般来说，摩擦性失业是经济社会发展过程中存在的正常现象，属于自愿性失业的范畴，不需要、也无法通过出台专门的政策消除。对于结构性失业，可以通过有计划的劳动者再培训工程降低失业率。例如，针对钢铁厂外迁造成的钢铁工人失业问题，可以通过培训计划，使失业的炼钢工人在保险销售、汽车修理等其他行业实现再就业。对于旅游城市的季节性失业，可以通过在该地区有计划地投资工艺品加工等其他产业降低失业率。而针对周期性失业，则需要政府制定和实施适度刺激经济的财政政策和货币政策来降低失业率。

（2）就整个社会而言，失业意味着人力资源的浪费，如果一个社会达到充分就业，就意味着对生产资源的充分利用，全社会的国民收入会达到潜在的国民收入水平。对失业的个人来说，失业意味着生活水平的下降和心理上的痛苦。另外，失业也是一个严重的社会问题，失业本身可以造成除国内生产总值减少以外的社会代价。可以从以下方面分析失业的代价。

① 失业造成的产量损失。失业会造成资源的浪费，带来经济上的严重损失。因为本期可利用的劳动力资源不能延续到下一期使用，所以本期可利用的劳动力资源的闲置是永久性的浪费。

② 失业的社会成本。失业所带来的另一重大成本是失业者及其家庭所面临的个人损失或心理上的打击。

③ 失业对分配的影响。失业成本的承担不平衡，失业具有重大的分配后果。根据失业持续时间可以分为短期失业和长期失业，不同类型的失业造成的成本很不相同。

（3）我国目前存在的失业情况复杂。但综合起来看，我国现存失业种类主要有以下几个方面：① 每年新增待就业人口的居高不下、劳动力供给过多情况下的自然性失业；②"招工难"和"就业难"并存，"冗员"和"缺员"并存，存在着严重的结构性失业；③ 存在严重的隐性失业。

（4）对于当前的失业状况，可借鉴西方的失业理论并结合我国的实际情况，运用如下具体措施解决当前我国巨大的就业压力。

第一，改变劳动力供给状况减少失业。失业的存在首先表现为劳动力供给总量大于需求总量，另外就是劳动力的结构与需求不相称。其治理包括以下几方面内容：控制和减少劳动力的供给，延长每个劳动者接受教育年限、控制人口的增长；为失业者或易受失业威胁的劳动者提供帮助，比如可通过大力培育劳动力市场，为劳动力要素供求双方提供信息，通过政策和舆论手段，使全社会关心失业职工；广泛开展职业培训，提高劳动者的素质，使劳动力供给与需求相适应。

第二，提高经济活动水平，扩大就业岗位。寻找多元化经济增长点，提高经济活动水平，既是治理失业的战略选择，也是使经济持续协调健康发展的有力保证。可采取如下的措施。① 通过直接增加政府投资刺激经济增长。一方面通过扩大财政支出开发建设项目；另一方面通过银行贷款投资建设项目。但后者容易导致通货膨胀，应严格控制其规模和比例。② 通过民间投资，刺激经济的增长。民间投资是指资金所有者用自有资金买股票债券等。国家应鼓励提倡民间投资，尤其是鼓励支持失业人员自筹资金兴办实业，创办个体私营合伙企业，广开就业渠道。③ 通过大量吸引外资刺激经济增长。为了使我国的劳动力资源得到有效利用，使其优化配置，应充分利用国内外两种资源，开拓两个市场。

第三，建立适度的失业保障体制。根据自然失业理论，就业水平是由一个国家的经济活动水平所决定的。从现代发达市场经济国家的发展进程中不难发现，充分的社会保障起到了社会"减震器"的作用，缓解了社会矛盾，保证了市场的正常运行。建立多层次完善的社会保障体系将是一段时期内我国经济体制改革和社会发展与稳定的重要任务，也是规避风险、减少社会震荡、实现社会公平和共同富裕的重要制度保证。

所以，在解决失业问题时不仅需要采取常用的宏观经济政策，还需要社会和文化各方面政策的配套。目前我国推行的再就业工程是以政府劳动部门为主推动的，在治理城市失业方面具有特别重要的意义。从长期看，控制人口增长和加强劳动力培养，是从根本上解决失业问题的战略性措施。

6. 简述失业的经济效应。（东北财经大学，2006）

答： 失业是指劳动力市场上劳动供给大于劳动需求，从而使劳动大军中的一部分人没有工作的现象。失业会在如下方面对一国的经济造成负面影响。

（1）失业会减少一国的总产出水平。失业会造成一国总产出水平的下降，这是失业最为严重的经济效应。根据奥肯定律，当实际失业率高于自然失业率时，经济中的实际产出增长率会相对于潜在产出下降，这时经济中的总产出水平会低于潜在产出水平。

（2）失业会造成社会资源的闲置和浪费。失业会使一部分熟练工人也陷入无工作状态，从而造成人力资源的浪费。同时伴随工人失业的是一些机器设备等社会资源的闲置，产生了较大的社会成本。

（3）失业也会影响失业者的生活状况，影响社会的稳定运行，从而会在一定程度上制约经济的稳定发展。

（4）此外，不同类型的失业的经济效应也不同。

① 摩擦性失业是指由于劳动力市场运行机制不完善或因为经济变动过程中的工作转换而产生的失业。它被看作一种求职性失业，即一方面存在空缺职位，另一方面存在着与此数量相对应的寻找工作的失业者。摩擦性失业有可能会提高经济运行的动态效率。

② 周期性失业是指经济周期中的衰退或萧条阶段因需求下降而造成的失业。它对各行业的影响不同，一般来讲，需求的收入弹性较大的行业，受到周期性失业的影响较为严重。经济的周期性波动形成了周期性失业，但是周期性失业又在一定程度上加剧了经济波动。

7. 自然失业率由哪些部分构成？宏观经济政策所能调整的是哪一种失业？中国失业率的构成与发达国家失业率的构成有什么区别？

（北京航空航天大学，2005）

答：（1）自然失业率指充分就业下的失业率。自然失业率的存在与劳动市场和商品市场的实际结构性特征有关，也与市场信息的不完全性、寻找工作的成本和劳动力转移的成本有关。自然失业率为摩擦性失业率与结构性失业率之和。

摩擦性失业是指劳动力在正常流动过程中所产生的失业。在一个动态经济中，各行业、各部门和各地区之间劳动需求的变动是经常发生的，即使在充分就业状态下，由于人们从学校毕业或搬到新城市而要寻找工作，总是会有一些人的周转，所以摩擦性失业的存在也是正常的。摩擦性失业量的大小取决于劳动力流动性的大小和寻找工作所需要的时间。

结构性失业是在对劳动力的供求不一致时产生的失业。供求之所以会出现不一致是因为对某种劳动的需求增加，而对另一种劳动的需求减少，与此同时，供给没有迅速做出调整。因此，当某些部门相对于其他部门出现增长时，可以经常看到各种职业或地区之间劳动力供求的不平衡。这种情况下，往往"失业与空位"并存，即一方面存在着有工作无人做的"空位"，而另一方面又存在着有人无工作的"失业"，这是劳动力市场的结构特点造成的。

（2）宏观经济政策能够调整的主要是结构性失业和周期性失业，其中财政政策和货币政策调整总需求，从而调整周期性失业；供给政策调整结构性失业。

总需求不足的失业就是周期性失业，这是一种非自然失业。根据凯恩斯的分析，就业水平取决于国民收入水平，而国民收入水平又取决于总需求。通过财政政策和货币政策的作用，可以调整社会总需求水平，从而调整周期性失业，比如扩张性的财政政策和货币政策提高总需求，从而减少周期性失业。

总供给政策可以调整国民经济结构，从而调整结构性失业。政府可以对失业者进行公共筹资的再培训，从而能使工人更容易地从衰退的行业转移到新兴的行业。同时政府还对各个产业和地区进行宏观调控，使各个产业和地区平稳发展，避免产生大波动从而减小更大范围的结构性失业的可能性。如果技术进步和产业结构变化的幅度和速度较快，就可能比较经常和较大幅度地引发自然失业。政府也可以通过增加劳动力的流动性来缓解结构性失业。

（3）中国失业率构成与发达国家失业率构成的区别。中国的劳动市场供求结构比较特殊。在高级复杂劳动市场上，高级人才比较稀缺；在中级劳动市场上，存在着结构性失业；在低级劳动市场上，存在着总体上供给过多，但在有些局部地区却严重缺乏。这就造成了我国的失业率构成与发达国家明显不同。

第一，我国的失业率中周期性的失业率所占比例不大，而发达国家的周期性失业率的比例相对来说比较大。

第二，我国的结构性失业比较严重，而发达国家由于各种政策使结构性失业相对来说不太严重。

第三，由于我国经济的快速发展使摩擦性失业的现象比较多，因为有能力的工人相对稀缺，他们面临的选择比较多。而发达国家的经济比较稳定，工人的选择机会相对来说比较小。

第四，我国的隐性失业比较严重。在农村和城镇存在大量的隐性失业者，他们大部分属于低级劳动者，因此缺乏竞争力，可能名义上不是失业者，可实际上却是失业者。

总之，就处于转轨过程中的中国经济来说，劳动力市场条件乃至整个经济体制都处于不断变化之中。特别是近年来产业结构变动速度加快，劳动力市场改革力度加大，都会导致自然失业率的提高。总体来说，中国经济具有较高的并且继续升高的自然失业率，表明单纯依靠宏观反周期政策不能完全消除或缓解失业现象，扩大就业和治理失业，要求综合一系列政策手段。而英美等发达国家的自然失业率相对来说比较低，他们对付失业的办法相对来说可以比较单一。

8. 劳动力市场上，员工的素质、工作努力程度和忠诚度是企业关心的重点之一。工人寻找工作时，需要关于工作空位和机会的信息。政府的公共政策会影响劳动力市场和宏观经济状况。

（1）在发展中国家和地区，城市用工者到农村招工时，往往优先考虑一些特定的村庄或社区（这些村落中往往有其通过很长时期建立的、相对可靠的招募网络）。对农村外出务工者而言，他们也往往倚重于当地的招工代理人员或已经在外务工的人员，获取就业机会。你对这种现象如何理解？请给出你的经济学直觉解释。

（2）即使在市场经济条件下，企业往往也会向其所雇用的工人支付高于劳动市场均衡水平的工资。你认为这对工人供给量、工人需求量和失业量会产生何种影响？

（3）如果政府管理的公共就业服务机构，向处在摩擦失业状态的工人提供就业信息和职业技能培训方面的恰当服务，你认为这对自然失业率可能会产生怎样的影响？

（4）请画图说明（3）中的自然失业率变化后，长期的菲利普斯曲线会发生怎样的变动？并画图说明，此时长期总供给曲线会发生怎样的变动？在总需求一定的情况下，物价水平和通货膨胀率将怎样变化？

（5）如果政府采取扩张性的货币政策，请依据菲利普斯曲线，说明这种政策的短期和长期影响。（中国人民大学，2006）

答：（1）在发展中国家和地区，对于城市用工者而言，信息是非对称的，他们不可能充分掌握农民工的足够信息，到农村招工时，往往优先考虑一些特定的村庄或社区，这是因为来自这些地区的工人通过自己的勤劳工作，已经在用工单位树立了一定的信誉度，用工单位对来自该地区的工人较为放心，而且由于当地有许多工人在外务工，会对当地的农民产生一定的"示范效应"，有助于当地农民提高自身的素质。

对农村外出务工者而言，他们也往往倚重于当地的招工代理人员或已经在外务工的人员，获取就业机会，这是因为当地信息交流不畅通，政府往往不能够提供相关的信息服务，而通过已经在外务工人员获取信息，较为可靠，而且可以相互照应。

（2）企业往往会向其所雇用的工人支付高于劳动市场均衡水平的工资，这会造成劳动力市场供过于求的状况，从而出现失业。工资高于均衡水平，劳动的供给量会增加，而劳动的需求量会减少，从而产生失业问题。如图 5-2 所示，高于市场均衡的工资，将使劳动力市场出现 L_2-L_1 的失业。

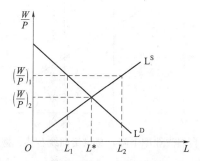

图 5-2　高工资导致劳动力市场供过于求

（3）如果政府管理的公共就业服务机构，向处在摩擦失业状态的工人提供就业信息和职业技能培训方面的恰当服务，这种做法有可能会降低自然失业率。职业技能培训，提高了处于摩擦性失业状态的工人的素质，使他们能够更好地适应多变的劳动力市场需求；信息服务，将使失业工人尽快找到适合自己的新岗位，这些都将有效地降低自然失业率。

（4）自然失业率降低以后，长期的菲利普斯曲线将向左移动，如图 5-3 所示。长期的总供给曲线将向右移动，在总需求 AD 一定的情况下，物价水平将由于总供给曲线右移而下降，通货膨胀率将降低，如图 5-4 所示。

（5）如果政府采取扩张性的货币政策，短期内在通货膨胀上升的同时，失业率将下降，经济中的产出将增加，如图 5-5 所示，经济将沿着短期菲利普斯曲线运行到 A 点。在长期内，随着通货膨胀的上升，人们将调整其通货膨胀预期，短期菲利普斯曲线将上移，失业率回复到自然失业率水平，产出回复到原来的充分就业水平，但是通货膨胀率却上升了，如图 5-5 所示，经济将运行到 B 点。

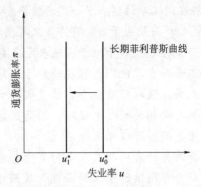

图 5-3 自然失业率下降，长期菲利普斯曲线左移

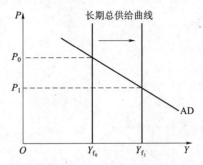

图 5-4 自然失业率下降，总供给曲线右移，物价下降

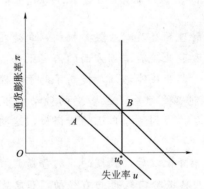

图 5-5 扩张性货币政策的短期和长期影响

第6章
经济增长与经济周期

学习要求及重点

1. 学习要求
• 了解经济增长与与经济周期的含义、经济周期的分类。
• 理解经济增长因素及其核算、新经济增长理论。
• 掌握经济增长的度量、新古典经济增长理论、经济周期产生的主要原因。

2. 学习重点
• 经济增长的含义、经济周期的含义及其分类;
• 哈罗德—多马模型假定前提及计算公式、经济增长黄金率;
• 经济周期产生的主要原因。

汉英关键词汇对照及定义

1. 经济增长（Economic Growth）: 是指一个国家或地区总产出水平或人均产出水平的提高。美国经济学家西蒙·库兹涅兹（Simon Kuznets）给出的定义是:"一个国家的经济增长,可以定义为给居民提供种类日益繁多的经济产品的能力的长期上升,这种不断增长的能力是建立在先进技术及所需要的制度和思想意识之相应的调整的基础上的。"

2. 经济发展（Economic Development）: 是指一个国家总体发展水平的提高,既包括经济增长,也包括生活质量、社会经济结构和制度结构的进步。

3. 哈罗德—多马模型（Harrod-Domar Model）: 是指在20世纪40年代由英国经济学家哈罗德（Roy Forbes Harrod）和美国经济学家多马（Evsey David Domar）相继提出的分析经济增长问题的模型。哈罗德—多马模型在凯恩斯就业理论的基础上,将凯恩斯《通论》中的内容长期化、动态化。哈罗德—多马经济增长模型以凯恩斯的有效需求不足理论为基础，考察一个国家在长时期内的国民收入和就业的稳定均衡增长所需条件的理论。

4. 稳态（Steady-state）：在索罗模型中，是指经济中一种长期均衡状态，当达到稳态时，人均资本达到均衡并维持不变。

5. 资本黄金律水平（Golden Rule Level of Capital）：是指与人均消费最大化相关的人均资本。

6. 经济周期（Economic Cycle）：是指经济沿着长期增长的总体趋势进行的有规律的扩张和收缩。一个完整的经济周期会经历扩张和复苏、繁荣和高峰、衰退和萧条、谷底4个阶段，其中最主要的两个主要阶段是衰退阶段和扩张阶段。

7. 需求冲击论（The Impact of Demand Theory）：这种理论认为，需求方面的冲击，主要是消费和投资行为变化对产出所形成的冲击。这方面的研究主要有投资冲击理论和消费不足理论。

8. 供给冲击论（Supply Shock Theory）：比较著名的供给冲击论的观点有太阳黑子理论和技术创新理论。太阳黑子假说把产出波动的原因主要归结为农业的波动，认为太阳黑子的活动对农业生产影响很大，而农业生产的状况又会影响工业及整个经济。而熊彼特的周期理论是一种用技术创新来解释经济周期的理论，他用技术创新的周期性来解释经济的繁荣和衰退的交替现象。

9. 政策冲击论（Policy Shock Theory）：这种理论认为，经济周期主要是政府的货币政策、财政政策和外汇政策所形成的冲击造成的。

核心内容

1. 经济增长是指一个国家或地区总产出水平或人均产出水平的提高。美国经济学家西蒙·库兹涅兹给出的定义是："一个国家的经济增长，可以定义为给居民提供种类日益繁多的经济产品的能力的长期上升，这种不断增长的能力是建立在先进技术及所需要的制度和思想意识之相应的调整的基础上的"。

2. 衡量经济增长的指标有两个，一个是总量指标，一个是人均量指标。

$$G_t = \frac{Y_t - Y_{t-1}}{Y_{t-1}} \qquad g_t = \frac{y_t - y_{t-1}}{y_{t-1}}$$

3. 社会经济增长源自三种因素：劳动、资本和技术进步。或者说，经济增长取决于劳动、资本投入的增长和技术进步。丹尼森把影响经济增长的因素进一步细化为六个：① 劳动；② 资本；③ 资源配置状况；④ 规模经济；⑤ 知识进展；⑥ 其他影响单位投入产量的因素。

4. 资本广化则是指为每一新增的人口提供平均的资本装备，而资本的深化是指人均资本的增加，即为每一个人配备更多的资本装备。也就是说，一个社会的人均储蓄一部分用来提高人均资本的拥有量，另一部分则用来为每一新增的人口提供平均的资本装备。

5. 一个社会的储蓄率可以影响均衡的人均资本拥有量水平，而人均资本水平又会影响人均产量。从整个社会角度看，消费和储蓄是矛盾的统一体，产出用于消费和积累，当产出一定时，消费多，积累就少；反之，消费少，积累也就多。

6. 黄金分割律：人均消费水平最大化的条件是人均资本量应选择资本的边际产品等于劳动的增长率时的量，其表达式为 $f'(k^*)=n$。① 当一个经济中人均资本量高于黄金分割律水平时，可以采用扩大消费的方式，消费掉一部分资本，使人均资本量下降至黄金分割律水平。② 当一个经济中人均资本量低于黄金分割律水平时，则可以采用缩减消费，增加储蓄的方式，使人均资本量上升至黄金分割律水平。③ 黄金分割律其实包含着最优化的思想方法。

7. 内生增长模型为基础的新增长理论。内生增长模型主要有两类：一是内生技术进步的模型；二是内生人力资本的模型。

8. 经济周期是指经济沿着长期增长的总体趋势进行的有规律的扩张和收缩。美国经济学家米切尔（Wesley Mitchell）给出的定义如下："经济周期是以产业经济为主的国家总体经济活动的一种波动。一个周期是由很多经济活动差不多同时扩张，继之以普遍的衰退、收缩与复苏所组成这种变动的重复出现。"

"练习及思考" 精解

一、填空题

1. 丹尼森认为，影响经济增长的因素有劳动、<u>资本</u>、<u>资源配置情况</u>、规模经济、<u>知识进展</u>和其他影响单位投入产量的因素，共六种。

2. 一般来说，在其他条件相同的情况下，<u>资本富裕</u>的国家的增长率高于<u>资本贫乏</u>的国家。

3. 一个完整的经济周期会经历扩张和复苏、<u>繁荣（或高峰）</u>、衰退和萧条及谷底 4 个阶段。

4. 熊彼特对经济周期归纳的结论是：一个长周期包括 <u>6</u> 个中周期，每个中周期包括 <u>3</u> 个短周期。短周期长度约 <u>40</u> 个月，中周期长度约 <u>8～10</u> 年，长周期长度约 <u>50</u> 年。

5. 一般认为，形成经济周期主要原因是来自<u>需求</u>、<u>供给</u>和<u>政策</u>三方面的冲击。

6. 货币周期理论认为，商业银行降低利率会刺激企业<u>贷款增加</u>，生产扩张，工人消费需求增加，经济进入<u>繁荣阶段</u>。为了抑制通膨，商业银行将<u>紧缩</u>信用，企业订货减少、库存增加，使企业压缩生产，工人<u>失业率</u>上升，消费需求下降，经济进入<u>萧条阶段</u>。

二、判断题（下面判断正确的在括号内打√，不正确的打×）

1.（√）根据哈罗德不稳定原理，实际增长率和有保证的增长率一旦发生了偏差，不仅不能自我纠正，还会发生更大的偏离。

2.（√）当经济达到稳态时，社会总产量仍会增长，其增长率等于人口增长率。

3.（×）新古典增长理论认为，两个储蓄率相同的国家，即使经济增长率不同，也不会影响人均收入水平。

4.（×）资本的黄金率水平是一个国家保持稳态增长所需要的最低资本量。

5.（√）在经济衰退阶段，企业投资、劳动需求和产量都会下降。

6.（√）中央银行频繁变动的货币政策是形成经济周期的原因。因此，为了减少经济周期性波动，应该减少政府干预。

三、选择题

1. 根据新古典增长模型，增加储蓄率（C）。

　　A. 会提高经济增长速度

　　B. 不会提高经济增长速度

　　C. 能提高收入的稳态水平，但不能影响稳态增长率

　　D. 不但能提高收入的稳态水平，而且能提高稳态增长率

2. 平均长度为8～10年的经济周期称为（C）。

　　A. 基钦周期　　　　　　　　B. 康德拉耶夫周期

　　C. 裘格拉周期　　　　　　　D. 凯恩斯周期

3. 库兹涅茨周期的平均长度为（C）。

　　A. 40个月　　　　　　　　　B. 8～10年

　　C. 15～25年　　　　　　　　D. 50年

4. 以下哪一条可能不是形成经济周期的原因？（D）

　　A. 企业家对未来预期的不稳定。

　　B. 一项新技术发明问世。

　　C. 太阳黑子爆发导致农业歉收。

　　D. 人口增长的周期性变化。

四、问答与论述题

1. 影响经济增长的因素有哪些？

答： 经济增长是指一个国家或地区总产出水平或人均产出水平的提高。美国经济学家西蒙·库兹涅兹给出的定义是："一个国家的经济增长，可以定义为给居民提供种类日益繁多的经济产品的能力的长期上升，这种不断增长的能力是建立在先进技术及所需要的制度和思

想意识之相应的调整的基础上的"。

经济增长源于劳动、资本和技术进步三种因素，如果把土地投入量看成是不变的，则影响经济增长的要素投入因素主要是劳动和资本两种。其中，劳动包括就业者数量和质量、劳动时间、劳动者受教育程度等；资本指一个国家或地区机器、设备、厂房等资本品的装备总量和水平，以及社会可提供的货币资本总量。生产要素生产率是产量与投入量之比，即单位投入的产出量。这种划分隐含着，在劳动和资本投入量不变的条件下，单位投入的产出量增加也会带来经济的增长。丹尼森把影响经济增长的因素归纳为六个：劳动；资本；资源配置状况；规模经济；知识进展；其他影响单位投入产量的因素。

2. 形成经济周期的原因有哪些？

答：解释形成经济周期原因的理论可以归纳为三个方面，即需求冲击、供给冲击和政策冲击。

(1) 需求冲击论。这种理论认为，需求方面的冲击，主要是消费和投资行为变化对产出所形成的冲击。这方面的研究主要有投资冲击理论和消费不足理论。投资冲击理论的主要代表是凯恩斯，他认为投资决策取决于厂商对未来盈利能力的预期，但企业的这种预期是极不稳定的。这种预期的波动性来源于企业家的"动物精神"，即他们对于未来的经济前景是持乐观还是悲观的态度。正是由于预期的不稳定引起的投资的波动，引起总需求的变化，从而引起总产出的波动。消费不足理论的早期代表人物是英国经济学家马尔萨斯和法国经济学家西斯蒙第。20世纪初期，英国经济学家、社会改良主义者霍布森则进一步发展了马尔萨斯和西斯蒙第的观点。这种理论认为，经济中的萧条与危机是因为社会对消费品的需求赶不上消费品产出的增长，而消费品需求不足又引起对资本品需求不足，进而使整个经济出现生产过剩性危机。他们认为，消费不足的根源则主要是由于收入分配不平等所造成的穷人购买力不足和富人储蓄过度。

(2) 比较著名的供给冲击论观点有太阳黑子理论和技术创新理论。太阳黑子假说把产出波动的原因主要归结为农业的波动，认为太阳黑子的活动对农业生产影响很大，而农业生产的状况又会影响工业及整个经济。太阳黑子的周期性决定了经济的周期性。而熊彼特的周期理论是一种用技术创新来解释经济周期的理论，他用技术创新的周期性来解释经济的繁荣和衰退的交替现象。熊彼特提出，技术创新和组织创新提高了生产效率，为创新者带来了盈利，引起其他企业仿效，形成创新浪潮。创新浪潮会增加对资本品的需求，使银行信用扩大，从而引起经济繁荣。但随着新技术的普及，厂商的盈利机会减少，银行信用紧缩，对资本品的需求减少，这就引起经济衰退。直至另一次创新出现，经济才再次繁荣。

（3）政策冲击理论认为，经济周期主要是政府的货币政策、财政政策和外汇政策所形成的冲击造成的。这方面比较有影响的是以弗里德曼为代表的货币周期理论，它把经济周期看成是一种纯货币现象，认为经济周期性波动是银行体系交替扩大和紧缩信用所致。商业银行降低利率会刺激企业贷款增加，从而使企业生产扩张，工人增加收入，而工人收入增加的结果是他们的消费需求增加，经济进入繁荣阶段。为了抑制通货膨胀，商业银行将紧缩信用，带来企业订货减少、库存增加，库存的意外增加会使企业压缩生产，工人失业率上升，消费需求下降，经济进入萧条阶段。

自测练习题

一、填空题

1. 哈罗德模型中，要实现均衡经济增长率，国民经济增长率必须等于_____和_____之比。

2. 资本深化是指人均储蓄超过_____的部分。

3. 根据索罗模型，储蓄率的增加不会影响到_____，但能提高收入的稳态水平。

4. 资本黄金律水平是指与_____相关的人均资本量。

5. 经济周期是指经济沿着_____的总体趋势进行的有规律的_____和_____。

6. 库兹涅茨研究后发现，经济周期的发生和建筑业景气有很大的相关性，平均长度为_____年不等，后来人们把这种长度的经济周期称为库兹涅茨周期，又称为_____。

二、判断题（下列判断正确的在括号内打 √，不正确的打 ×）

1. （　　）一般而言，当一国采用了更先进的技术时，其人均生产函数会向上移动。

2. （　　）经济周期一般是指总体经济活动的波动，而非某个具体经济变量的变动。

3. （　　）加速原理发生作用的条件是投资的增加会导致国民收入的增加。

4. （　　）即使经济不加以宏观政策的调控，经济波动也不会无限地扩张或收缩。

5. （　　）资本的黄金律水平是指使稳态人均消费量达到最小化的资本量。

6. （　　）根据经济增长影响因素，一般而言，投资增加会引起国民收入增加。

三、选择题

1. 经济周期的中心是（　　）。

　A. 价格的波动　　　　　　　　B. 国民收入的波动

　C. 就业率的波动　　　　　　　D. 利率的波动

2. 下列哪一项属于引起经济增长的重要生产要素？（　　）

　A. 劳动者教育年限的增加　　　B. 规模经济

　C. 人们预期变化　　　　　　　D. 城市化

3. 根据哈罗德—多马模型，如果实际增长率等于企业家满意的增长率（有保证的增长率），则国民收入就会一直按照有保证增长率（　　）。

　A. 扩张　　　　B. 增长　　　　C. 萧条　　　　D. 复苏

4. 已知资本-产量的比值为 4，储蓄率为 20%，按照哈罗德增长模型，要使储蓄全部转化为投资，经济增长率应该是（　　）。

　A. 0.5%　　　B. 0.4%　　　C. 5%　　　D. 4%

5. 资本与劳动两种生产要素可以相互替代，这是（　　）。

　A. 哈罗德增长模型的假设条件

　B. 新古典增长模型的假设条件

　C. 新剑桥德增长模型的假设条件

　D. 古典经济增长模型的假设条件

6. 黄金分割率是指人均资本量应选择（　　）。

　A. 产出增长率等于储蓄率

　B. 产出率等于技术变化率

　C. 资本边际产品等于劳动的增长率

　D. 储蓄率等于投资率

四、问答与论述题

1. 经济增长的源泉是什么？

2. 经济周期主要有哪些特征？

3. 说明经济增长与经济发展的关系。

自测练习题答题要点

一、填空题

1. 社会储蓄倾向　　资本—产量

2. 资本广化

3. 稳态增长率

4. 人均消费最大化

5. 长期增长　　扩张　　收缩

6. 15～25 年　　建筑周期

二、判断题（下列判断正确的在括号内打√，不正确的打 ×）

1. （√）【要点】根据新古典经济增长模型。

2. （√）【要点】根据经济周期的含义。

3. （×）【要点】根据加速原理的含义和前提。

4. （√）【要点】根据经济周期的含义。

5. （×）【要点】根据新古典经济增长模型。

6. （√）【要点】资本是影响经济增长的重要因素，而投资增加会增加资本存量。

三、选择题

1. B【要点】根据经济周期的定义。

2. A【要点】引起经济增长的生产要素主要有劳动、资本。

3. B【要点】根据哈罗德—多马模型。

4. C【要点】根据哈罗德模型。

5. B【要点】根据新古典经济增长模型。

6. C【要点】根据新古典经济增长模型。

四、问答与论述题

1. 经济增长的源泉是什么？

答：经济增长是指一个国家或地区总产出水平或人均产出水平的提高。美国经济学家西蒙·库兹涅兹给出的定义是："一个国家的经济增长，可以定义为给居民提供种类日益繁多的经济产品的能力的长期上升，这种不断增长的能力是建立在先进技术及所需要的制度和思想意识之相应的调整的基础上的"。

经济增长的源泉主要包括劳动、资本和技术进步三种因素。其中，劳动包括就业者数量和质量、劳动时间、劳动者受教育程度等；资本指一个国家或地区机器、设备、厂房等资本品的装备总量和水平，以及社会可提供的货币资本总量。生产要素生产率是产量与投入量之比，即单位投入的产出量。这种划分隐含着，在劳动和资本投入量不变的条件下，单位投入的产出量增加也会带来经济的增长。丹尼森把影响经济增长的因素归纳为六个：劳动；资本；资源配置状况；规模经济；知识进展；其他影响单位投入产量的因素。索洛对美国的经济增长经验分析中，人均产出增长率的 12.5% 由资本和劳动等有形生产要素投入带来，另外的 87.5% 是技术进步所致。

2. 经济周期主要有哪些特征？

答：经济周期大致可以分为衰退和扩张阶段。衰退阶段的特征主要有以下四点。第一，消费者购买力急剧下降，同时，耐用消费品的存货大量增加。厂商因此压缩生产，导致实际国内生产总值下降，接着，企业投资急剧下降。第二，对劳动的需求下降。首先是平均每周工作时间减少，其后是失业率上升。第三，产出下降，导致通货膨胀步伐放慢。对原材料的需求下降，原材料价格、工资和服务价格下降或增长趋势放慢。第四，企业利润在衰退中急剧下降。

经济周期扩张阶段的特征与紧缩特征正好是反方向变动。

3. 说明经济增长与经济发展的关系。

答：经济增长是产量的增加，通常用经济增长率来度量。经济发展不仅包括经济增长，还包括国民的生活质量，以及整个社会经济结构和制度的结构的总体进步。经济增长只是经济发展的一部分，但它是其中最基本的一部分。经济增长不等于经济发展。经济增长是实现经济发展的手段和基础，但是经济增长并不构成经济发展的充分必要条件。

考研真题汇总及答题要点

一、概念题

1. 经济周期（中南财经政法大学，2001；北京化工大学，2005；北京交通大学，2006；东北财经大学，2006）

答：经济周期又称经济波动或国民收入波动，指总体经济活动的扩张和收缩交替反复出现的过程。现代经济学中关于经济周期的论述一般是指经济增长率的上升和下降的交替过程，而不是经济总量的增加和减少。一个完整的经济周期包括繁荣、衰退、萧条、复苏（也可以称为扩张、持平、收缩、复苏）四个阶段。在繁荣阶段，经济活动全面扩张，不断达到新的高峰；在衰退阶段，经济短时间保持平衡后出现紧缩的趋势；在萧条阶段，经济出现急剧的收缩和下降，很快从活动量的最高点到最低点；在复苏阶段，经济从最低点恢复并逐渐上升到先前的活动量高度，进入繁荣。衡量经济周期处于什么阶段，主要依据国民生产总值、工业生产指数、就业和收入、价格指数、利息率等综合经济活动指标的波动。经济周期的类型按照其频率、幅度、持续时间的不同，可以划分为短周期、中周期、长周期三类。对经济周期的形成原因有很多解释，其中比较有影响的主要是纯货币理论、投资过度论、消费不足论、资本边际效率崩溃论、资本存量调整论和创新论。

2. 内涵型经济增长（首都经济贸易大学，2003）

答：内涵型经济增长又称内生经济增长。与新古典增长理论不同，内生增长理论用规模收益递增和内生技术进步来说明一个国家长期经济增长和各国增长率差异，其重要特征就是试图使增长率内生化。根据其依赖的基本假定条件的差异可以将内生增长理论分为完全竞争条件下的内生增长模型和垄断竞争条件下的内生增长模型。按照完全竞争条件下的内生增长模型，使稳定增长率内生化的两条基本途径就是：① 将技术进步率内生化；② 如果可以被积累的生产要素有固定报酬，那么可以通过某种方式使稳态增长率被要素的积累所影响。

3. 经济增长（中南财经政法大学，2003；北京航空航天大学，2005；东北财经大学，2006）

答：指一个经济社会的实际产量（或实际收入）的长期增加，即按不变价格水平所测定的充分就业量的增加。通常以 GDP 或人均 GDP 的增加来测定，GDP 的增长描述了一国整体生产能力的扩增，人均国民生产总值的增长表示了物质生活水平的改善。经济增长理论主要研究发达国家国民经济长期发展理论的问题。其发展主要经历了哈罗德—多马模型、新古典经济增长模型和内生增长模型三个阶段。

（1）哈罗德—多马模型。凯恩斯的投资理论认为，增加投资可以增加社会有效需求，解决非自愿性失业，但他只是做出了比较静态的短期分析。哈罗德与多马在此基础上，将凯恩斯的储蓄-投资理论动态化、长期化，提出了关于一国经济增长率的经济增长模型。该模型的基本公式为：

$$经济增长率 = \frac{储蓄率}{资本产出比}$$

这一模型概括性描述了一国经济增长的决定因素，认为经济增长率取决于储蓄率和资本产出比率。但这一模型忽视了投资预期这一经济增长的重要影响因素，因而不能解决经济中因投资预期未实现而导致的问题。

哈罗德经济增长模型有如下基本假定：① 社会只生产一种产品；② 社会生产只使用资本 K 与劳动 L 两种生产要素；③ 在经济增长过程中资本—劳动比率保持不变，从而资本—产出比也保持不变；④ 不存在技术进步，规模报酬不变；⑤ 资本存量没有折旧。

哈罗德经济增长理论的基本方程是 $G = \frac{\Delta Y}{Y} = \frac{s}{v}$，该模型的基本经济含义是，要实现均衡的经济增长，国民收入增长率 G 就必须等于社会储蓄率 s 与资本—产出比 v 之比。

（2）新古典经济增长理论。它讨论了资本增长率 $\frac{\Delta K}{K}$、劳动力增长率 $\frac{\Delta L}{L}$ 及储蓄倾向 s 变动对经济增长的影响。新古典经济增长型认为，假定不存在技术进步 $\left(\frac{\Delta A}{A} = 0\right)$；劳动增长率 $\frac{\Delta L}{L}$ 与人口增长率 n 一致且保持不变 $\left(\frac{\Delta L}{L} = n\right)$，要使人均收入不变，就必须保持人均资本量不变；这也就是说，在人口增长条件下，维持人均收入不下降，资本增长率等于人口增长率，便达到了经济的稳定状态。

新古典经济增长模型包括几个基本假设条件：① 全社会只有一种产品；② 劳动与资本可以相互替代，即资本—产出比可以变动；

③ 资本或劳动的边际生产力递减，但规模报酬不变；④ 完全竞争市场，工资率和利润率分别等于劳动与资本的边际生产力。

（3）内生经济增长理论。与新古典增长理论不同，内生增长理论用规模收益递增和内生技术进步来说明一个国家长期经济增长和各国增长率差异。其重要特征就是试图使增长率内生化。根据其依赖的基本假定条件的差异可以将内生增长理论分为完全竞争条件下的内生增长模型和垄断竞争条件下的内生增长模型。按照完全竞争条件下的内生增长模型，使稳定增长率内生化的两条基本途径就是：① 将技术进步率内生化；② 如果可以被积累的生产要素有固定报酬，那么可以通过某种方式使稳态增长率被要素的积累所影响。

4. 索洛剩余（厦门大学，2006）

答： 又称索洛残差，是指不能为投入要素变化所解释的经济增长率。具体而言，索洛剩余是指在剥离资本和劳动对经济增长贡献后的剩余部分。一般认为剩余部分是技术进步对经济增长的贡献部分。在发达国家制度比较稳定，除去资本和劳动贡献后确实主要是技术进步对经济增长的贡献；而在发展中国家，很大一部分正在经历了制度变革和经济自由化的过程，显然制度进步会对经济增长有重大的促进作用，这样计算出来的“索洛剩余”不但包括了技术进步对经济增长的贡献，也包括了经济制度的改变（改革使市场经济建立，降低交易费用）对经济的贡献。索洛剩余用公式可以表示为：$\dfrac{\Delta A}{A} = \dfrac{\Delta Y}{Y} - s_K \dfrac{\Delta K}{K} - s_L \dfrac{\Delta L}{L}$。其中，$\dfrac{\Delta A}{A}$ 为索洛剩余，$\dfrac{\Delta Y}{Y}$ 为总产出增长率，$\dfrac{\Delta K}{K}$、$\dfrac{\Delta L}{L}$ 分别为资本和劳动的增长率，s_K、s_L 分别为资本和在总产出中的份额。

二、简答与论述题

1. 试述新古典经济增长模型及其对我国长期经济增长的借鉴意义。（首都经济贸易大学，2004）

答： 新古典经济增长模型是索洛提出的，说明储蓄率、人口增长率和技术进步之间的关系。新古典经济增长模型的假设前提是：① 全社会只生产一种产品，可以是消费品，也可以是投资品；② 储蓄 S 是国民收入水平 Y 的正比例函数：$S = sY$，其中 s 为社会储蓄比例（倾向），并假定为不变的常数；③ 劳动力 N 按照一个固定不变的比例 n 增长；④ 不存在技术进步；⑤ 生产规模报酬不变。

该模型考虑了资本折旧问题，同时放宽了两种生产要素不可替代的限制，并利用人均生产函数 $y = f(k)$ 进行分析。该模型的基本方程为：$\Delta k = sy - (n + \delta)k$，其中 Δk 为人均资本的增量，sy 为人均储蓄，nk 为劳动力的增长率与人均资本之积，δk 为折旧率与人均资本之积，$(n+\delta)k$ 称为资本的广化，是人均资本用于装备新工人和替换折旧的部分。人均储蓄超过资本广化的部分，即 $\Delta k=sy-(n+\delta)k>0$ 的部分，会导致人均资本 k 上升，称为资本深化。所谓资本广化则是指为每一新增的人口提供平均的资本装备，而资本的深化是指人均资本的增加，即为每一个人配备更多的资本装备。也就是说，一个社会的人均储蓄一部分用来提高人均资本的拥有量，另一部分则用来为每一新增的人口提供平均的资本装备。

新古典增长理论包括如下 4 个关键性结论。① 当达到稳态时，人均资本达到均衡并维持不变。即在稳态时，人均储蓄恰好满足资本广化的需要，不存在资本深化。② 储蓄率的增加不会影响到稳态增长率，但能提高收入的稳态水平。③ 人口增长率的增加降低了人均资本的稳态水平，进而降低了人均产量的稳态水平。这说明，两个有相同储蓄率的国家，不同的人口增长率对应不同的人均收入水平。人口增长率上升导致的人均产量下降是许多发展中国家面临的问题。④ 当一个经济中人均资本量高于黄金分割律水平时，可以采用扩大消费的方式，消费掉一部分资本，使人均资本量下降至黄金分割律水平。当一个经济中人均资本量低于黄金分割律水平时，则可以采用缩减消费、增加储蓄的方式，使人均资本量上升至黄金分割律水平。

新古典增长模型对我国经济增长的借鉴意义主要体现在以下两方面。第一，对我国来说，提高技术进步率是提高经济增长率的主要途径。技术进步率的主要度量指标是教育水平和专利申请量等。因此，要不断提高我国的教育水平，提高国民素质，扩大教育支出在国家宏观财政支出中的比重，同时要通过专利保护和各种奖励制度刺激我国科研人员等的科研水平的提高和专利数量的增加。第二，提高储蓄率能够影响稳定的收入水平，因此为了我国稳定的收入增长，在现阶段仍然要将我国的储蓄率维持在一定的水平。

2. 新古典经济增长模型的稳态条件是什么？影响稳态的因素主要有哪些？它们是如何影响的？（中山大学，2001）

答：新古典经济增长模型是索洛提出的，说明储蓄率、人口增长率和技术进步之间的关系。新古典经济增长模型的基本方程为：$\Delta k=sy-(n+\delta)k$，其中 Δk 为人均资本的增量，sy 为人均储蓄，nk 为劳动力的增长率与人均资本之积，δk 为折旧率与人均资本之积，$(n+\delta)k$ 称为资本的广化，是人均资本用于装备新工人和替换折旧的部分。人均储蓄超过资本广化的部分，即 $\Delta k=sy-(n+\delta)k>0$ 的部分，则导致人均资本 k 上升，称为资本深化。所谓资本广化则是指为每一新增的人口提供平均的资本装备，而资本的深化是指人均资本的增加，即为每一个人配备更多的资本装备。也就是说，一个社会的人均储蓄一部分用来提高人均资本的拥有量，另一部分则用来为每一新增的人口提供平均的资本装备。

　　稳态是指经济中一种长期均衡状态，当达到稳态时，人均资本达到均衡并维持不变，因为人均产量是人均资本的函数。因此，如果其他条件不变，人均产量也达到均衡并维持不变。由定义可知，在稳态时，人均资本的变动 $\Delta k = 0$，稳态条件为：$sy = (n + \delta)k$，人均储蓄恰好满足资本广化的需要，不存在资本深化。需要注意的是在稳态中，虽然人均产量 y 和人均资本 k 不变，但总产量 Y 和总资本存量 K 仍在变化。为使 y 和 k 不变，Y 和 K 的增长率和劳动力 N 的增长率必相等。

　　储蓄率 s 和人口增长率 n 两个参数的变化会改变稳态水平。

　　储蓄率上升使人均资本上升，增加人均产量，直至达到新的稳态。从而说明，储蓄率的增加导致资本积累，从而带动产量的一个暂时性的较高增长，随后最终又回落到人口增长率的水平。结论：储蓄率的增加不会影响到稳态增长率，但能提高收入的稳态水平。从短期看，储蓄率高，说明资本存量比劳动力增长得快，将引起人均资本和人均产量的增加。从长期来看，随着资本的积累，增长率会逐渐降低，最终又回到劳动增长的水平。因此，新古典增长理论认为，储蓄率的增加不影响均衡的增长率，但能提高收入的均衡水平。劳动力增长率的提高降低了人均资本量的均衡水平，从而也降低了人均产量的均衡水平。

　　3. 试比较哈罗德增长模型和多马增长模型的异同。（浙江大学，2001）

　　答： 哈罗德在 1939 年的论文《动态理论论文》，与埃弗塞·多马在 1946 年的论文分别独立研究了长期内一国经济稳定增长的问题，并提出了相应的经济增长模型。哈罗德模型和多马模型的异同可以归纳如下。

　　（1）它们都是以凯恩斯有效需求理论为基础的，并把凯恩斯的分析方法扩展到长期的、动态的分析，尤其是明确提出了投资扩大生产能力的作用。

　　（2）它们都说明了使经济保持均衡增长，收入、投资应按一定的比例增长。但在论述长期均衡增长的困难时，多马的解释是投资不足，而哈罗德的解释是缺乏使自然增长率与保证的增长率相等的机制。

　　（3）它们都论述了均衡增长的不稳定性，一旦经济偏离均衡增长，其差距会越来越大。

　　（4）它们在假设中均包含了劳动和资本相互之间不能替代的约束，即资本和劳动的配合比例是固定不变的。

　　（5）它们的侧重点有所不同，哈罗德模型主要是研究保持什么经济增长率，才能使储蓄全部转化为投资；而多马模型主要是研究投资的增长率为多少时，可以充分利用扩大的生产能力。

因此，由于两个模型研究的方法、内容基本一致，经济学家将它们统称为哈罗德一多马模型。

4. 有保证的增长率 G_W、实际增长率 G_A、自然增长率 G_N 三者不相等时社会经济将出现什么情况？（北京交通大学，2004）

答： 有保证的增长率、实际增长率和自然增长率分别是哈罗德增长模型中研究社会经济实现充分就业下的均衡增长所必须的条件时区分的三种不同的经济增长率概念。

有保证的增长率（G_W），也称为均衡增长率，是指在储蓄率 s 和资本产出比率 v 为既定的条件下，为使储蓄全部转化为投资所需要的产出增长率。G_W 是由储蓄率和厂商合意的资本—产出比率决定的。

实际增长率 G，是指实际上实现了产出增长率，它取决于有效需求的大小，即资本—产出比率下社会实际储蓄率。

自然增长率 G_N，是指长期中人口增长和技术进步等因素变化后所能达到的最大可能实现的增长率，它是由劳动力和技术水平所决定的。

经济中实现充分就业的均衡增长率，需满足 $G = G_W = G_N$。但由于三种增长率由各不相同的因素所决定，因此实际中很难达到三者相等的情况。这时社会经济可能出现下列情况。

（1）如果 $G > G_W$，说明社会总需求超过厂商合意的生产能力，这时厂商将增加投资，投资的增加在乘数作用下使实际增长率更高，显得资本存量更不足，因此其结果是需求膨胀，引起经济累积性持续扩张。

（2）如果 $G < G_W$，说明社会总需求不足，厂商拥有的资本过剩，这时厂商将削减投资，由于乘数作用，实际增长率更低，显得资本更过剩，结果是收入下降，经济持续收缩。

（3）如果 $G_W > G_N$，说明储蓄和投资的增长率超过了人口增长和技术水平条件下所能允许的程度，增长受劳动力不足和技术条件的限制，出现资本闲置，因此厂商将削减投资，引起经济长期停滞。

（4）如果 $G_W < G_N$，说明储蓄和投资的增长率未达到人口增长和技术条件所需求的水平，因劳动力过多而使工资低廉，因此刺激经济形成长期高涨。

因此，只有在 $G = G_W$ 的情况下，经济才能均衡增长，否则将出现短期内经济收缩与扩张的波动。只有 $G_W = G_N$ 时，才能在既定的技术水平下，实现充分就业，否则将使经济增长状态处于长期的失业或通货膨胀状态。当 $G_W = G = G_N$ 时，可实现充分就业的均衡增长，这是一种最理想的经济增长状态。

5. 新古典增长理论中全要素生产率的增长率的经济学含义。（上海交通大学，2004）

答： 新古典经济增长理论最早由美国经济学家索洛于 1956 年提

出。新古典经济增长模型包括这样几个基本假设条件：① 全社会只有一种产品；② 劳动与资本可以互相替代，即资本－产出比可以变动；③ 资本或劳动的边际生产力递减，但规模报酬不变；④ 完全竞争市场，工资率和利润率分别等于劳动与资本的边际生产力。

设生产函数 $Y = Af(K, L)$

式中，Y 代表总产出，K 为资本总量，L 为劳动力总量。A 为系数，表示除资本与劳动力以外对总产出的影响因素，不少学者将其代表技术进步。在规模报酬不变的假设下，如果投入量有 ΔA，ΔK 及 ΔL 的增加，产量也将同比例增加 ΔY。由此，对技术进步和投入量变化所引起的产量变化可以写成：

$$\Delta Y = f(K, L)\Delta A + \mathrm{MP_K}\Delta K + \mathrm{MP_L}\Delta L$$

其中，$\mathrm{MP_K}$，$\mathrm{MP_L}$ 分别为资本和劳动的边际产量。上式两边同除以 $Y = Af(K, L)$

整理得 $\dfrac{\Delta Y}{Y} = \dfrac{\Delta A}{A} + \left(K\,\dfrac{\mathrm{MP_K}}{Y}\right)\dfrac{\Delta K}{K} + \left(L\,\dfrac{\mathrm{MP_L}}{Y}\right)\dfrac{\Delta L}{L}$

或 $\dfrac{\Delta Y}{Y} = \dfrac{\Delta A}{A} + \left(\mathrm{MP_K}\,\dfrac{K}{Y}\right)\dfrac{\Delta K}{K} + \left(\mathrm{MP_L}\,\dfrac{L}{Y}\right)\dfrac{\Delta L}{L}$

在竞争市场中，要素的价格由其边际生产价值决定。因而，$\left(\mathrm{MP_K}\,\dfrac{K}{Y}\right)$ 为资本利润占总收入的份额，$\left(\mathrm{MP_L}\,\dfrac{L}{Y}\right)$ 为劳动力收入占总收入的份额。令 $\alpha = \mathrm{MP_K}\,\dfrac{K}{Y}$，有 $\dfrac{\Delta Y}{Y} = \dfrac{\Delta A}{A} + \alpha\,\dfrac{\Delta K}{K} + (1-\alpha)\,\dfrac{\Delta L}{L}$，即

$$\dfrac{\Delta A}{A} = \dfrac{\Delta Y}{Y} - \alpha\,\dfrac{\Delta K}{K} - (1-\alpha)\,\dfrac{\Delta L}{L}$$

若定义 $\alpha\,\dfrac{\Delta K}{K} + (1-\alpha)\,\dfrac{\Delta L}{L}$ 为总投入增长率，则技术进步是产出增长率与总投入增长率之差，而这正好是全要素生产率（TFP）的增长率。全要素增长率概念表明了所谓技术进步是一个极其广泛的概念，其中包含了除资本投入与劳动投入以外的全部经济增长要素，因此把索洛的"技术进步"称作"TFP 增长率"更为恰当，而技术进步就其通常的含义而言只是这种 TFP 增长率的一部分。

6. 简述引起生产率增长的因素。（北京工业大学，2005）

答：生产率的增长是经济增长的主要因素。经济增长是劳动力增加和生产率增长的一个函数。换言之，除非增加在生产过程中工作的人数，即增加劳动力，或者工人使用相同数量的投入（如时间和资金）生产更多产品和劳务，否则经济就不会增长。生产率增长将是未来经济增长率和远远超过其他要素的决定性因素。引起生产率增长的因素主要有以下几个。

（1）知识存量的增长。

知识进展包括的范围很广，它包括技术知识、管理知识的进步和

由于采用新的知识而产生的结构和设备的更有效的设计之外，还包括从国内的和国外的有组织的研究、个别研究人员和发明家，或者简单的观察和经验中得来的知识。

随着社会的发展和进步，人类社会迅速增加了技术知识和社会知识的存量，当这种存量被利用的时候，它就成为现代经济高比率的总量增长和迅速结构变化的源泉。但知识本身不是直接生产力，由知识转化为现实的生产力要经过科学发现、发明、革新、改良等一系列中间环节。在知识的转化过程中需要有一系列中介因素，这些中介因素包括：对物质资本和劳动力的训练进行大量的投资；企业家要有能力克服一系列从未遇到的障碍；知识的使用者要对技术是否适宜运用作出准确的判断等。在这些中介因素作用下，经过一系列知识的转化过程，知识最终会变为现实的生产力，从而推动了生产率的增长。

（2）劳动力质量的提高。

劳动或人力资源包括一国投入的劳动数量和劳动的质量。从劳动投入的数量来说，劳动投入量受到劳动人口、劳动时间等因素的影响。一般来说，就业人数越大，劳动的投入量就越大，但是在其他条件不变的情况下，单纯就业人数的增加，至多只能增加一国的产出总数，而无法提高人均国民产出。劳动的质量包括劳动者各方面的能力，如掌握的知识，具体的技能、体力，个人的追求、价值取向等。在现代世界中，劳动的质量比劳动的数量更为重要，劳动力质量的提高可以提高生产率，从而促进经济增长。

（3）结构变化。

库兹涅茨认为，发达的资本主义国家在他们增长的历史过程中，经济结构转变迅速。从部门来看，先是从农业活动转向于非农业活动，后又从工业活动转移到服务性行业。从生产单位的平均规模来看，是从家庭企业或独资企业发展到全国性，甚至跨国性的大公司。从劳动力在农业和非农业生产部门的分配来看，以前要把农业劳动力降低 50 个百分点，需要经过许多世纪的时间，现在在一个世纪中，农业劳动力占全部劳动的百分比减少了 30 个到 40 个百分点则是由于迅速的结构变化。库兹涅茨强调，发达国家经济增长时期的总体增长率和生产结构的转变速度都比他们在现代化以前高得多。库兹涅茨把知识力量因素和生产因素与结构因素相联系起来，以强调结构因素对生产率和经济增长的影响。

（4）资本积累。

资本包括各种机器设备、生产性建筑物、道路等各种基础设施、存货（包括原材料存货、在制品、成品、零部件存货等）。自工业革命以来，资本数量的增加成为推动经济增长的重要因素，高储蓄率往往成为经济增长的重要原因。同时，资本也是多种多样的，高效、先进的资本品的出现和普遍使用既是经济增长的体现，也是提高生产率和实现经济增长的手段。

对于发展中国家而言，资本存量是制约经济增长发展的一种重要因素。虽然我国具有高储蓄的优点，但从人均水平看，我国的资本存量还是很低，这就要求我国首先是继续发扬高储蓄的优点，为资本的积累提供好的基础；其次要注重资本投资的效率，尽量使少量的资本产生较高的收益。

（5）技术进步。

在土地、劳动、资本、技术四种要素中，技术是最重要的要素，原因在于，相对于其他三种要素而言，技术进步既不会受到总量上的限制，也不会出现边际报酬递减的情况。土地、劳动、资本要素都受到存量的限制，同时具有边际报酬递减现象，这就决定了这些要素的增加对经济增长效应是递减的。根据新古典经济增长模型，在没有技术进步的情况下，经济增长会少于均衡增长，而原因在于要素的边际报酬递减。这里的技术进步是广义的，包括科学技术、管理水平、企业家精神等方面，技术进步最终体现在新生产要素的采用、生产过程的改进和新产品或新劳动的引入等。技术进步不会产生边际报酬递减的现象，同时知识储存量可以由人类创造出来，这就决定了技术不存在存量上的限制。随着社会的发展和进步，人类社会迅速增加了技术知识和社会知识存量，当这种存量被利用的时候，它就称为现代经济高比率增长和迅速结构变化的源泉。但知识本身不是直接生产力，由知识转化为现实的生产力要经过科学发现、发明、革新、改良等中间环节。在这个过程中，需要一些中介要素的投入，这些中介要素是对物质资本和劳动力训练进行大量的投资，企业家要有能力克服一系列从未遇到的障碍，知识的使用者对技术要作出准确的判断等。所以，技术进步是影响生产率提高的最重要的因素。

（6）制度创新。

随着改革开放的不断深入，市场经济体制的建立与完善是保持宏观经济持续稳定快速增长的根本保证。近年来我国的经济体制改革不断取得新的进展，特别是成功加入 WTO 为我们继续深化改革、实现与国际接轨创造了非常有利的环境。与此同时，党中央一直积极倡导的创新意识正在普遍为企业界和全社会所接受，技术进步的作用正在日趋明显。这些制度方面的改进和完善将进一步促进我国生产率的增长和经济的全面发展。

7. 简要评价新古典经济增长模型。（中国政法大学，2003；西安交通大学，2006）

答：（1）新古典增长理论放弃了哈罗德－多马模型中关于资本和劳动不可替代的假设，它的假设前提大致是：① 全社会只生产一种产品；② 储蓄函数为 $S = sY$，s 是作为参数的储蓄率，且 $0 < s < 1$；③ 不存在技术进步，也不存在资本折旧；④ 生产的规模报酬不变；

⑤ 劳动力按一个不变的比率 n 增长。

索洛推导出新古典增长模型的基本方程为：$sf(k)=\Delta k+nk$，其中，$k=K/L=$ 资本与劳动力之比，大致为每一个劳动力所能分摊到的（或按人口平均的）资本设备；$\Delta k=dk/dt=$ 每单位时间 k 的增加量，即按人口平均的资本增加量；$f(k)=y=Y/L=$ 每个劳动力的平均生产量，大致为按人口平均的产量；s 为储蓄比例，n 为人口增长率。

这一基本方程式说明，一个社会的人均储蓄可以被用于两个部分：一部分为人均资本的增加 k，即为每一个人配备更多的资本设备，这被称为资本的深化；另一部分是为每一增加的人口配备每人平均应得的资本设备 nk，这被称为资本的广化。大致来说，其意思就是：在一个社会全部产品中减去被消费掉的部分 C 以后，剩下来的便是储蓄；在投资等于储蓄的条件下，整个社会的储蓄可以被用于两个部分，一部分用于给每个人增添更多的资本设备（即资本深化），另一部分则为新生的每一人口提供平均数量的资本设备（即资本的广化）。

（2）新古典增长理论的四个关键性结论。

① 稳态中的产量增长率是外生的。在上面的模型中为 n，它独立于储蓄率 s。

② 尽管储蓄率的增加没有影响到稳态增长率，但是通过增加资本－产量比率，它确实提高了收入的稳态水平。

③ 产量的稳态增长率保持外生。人均收入的稳态增长率取决于技术进步率，总产量的稳定增长率是技术进步率与人口增长率之和。

④ 如果两个国家有着相同的人口增长率、相同的储蓄率和相同的生产函数，那么他们最终会达到相同的收入水平；如果两个国家之间有着不同的储蓄率，那么他们会在稳态中达到不同的收入水平；但如果他们的技术进步率和人口增长率相同，那么他们的稳定增长率也将相同。

（3）新古典增长模型提出四个产量增长率的等式。

① 不存在技术进步条件下的总产量增长率 $\left(\dfrac{\Delta Y}{Y}\right)$ 等式，即：$\dfrac{\Delta Y}{Y}=b\cdot\dfrac{\Delta K}{K}+(1-b)\dfrac{\Delta L}{L}$；

② 不存在技术进步下的人均产量增长率 $\left(\dfrac{\Delta Y}{Y}-\dfrac{\Delta L}{L}\right)$ 等式，即：$\dfrac{\Delta Y}{Y}-\dfrac{\Delta L}{L}=b\left(\dfrac{\Delta K}{K}-\dfrac{\Delta L}{L}\right)$；

③ 在技术进步条件下的总产量增长率 $\left(\dfrac{\Delta Y}{Y}\right)$ 等式，即：$\dfrac{\Delta Y}{Y}=\dfrac{\Delta A}{A}+$

$$b \cdot \frac{\Delta L}{L} + (1-b)\frac{\Delta L}{L};$$

④ 存在技术进步条件下的人均产量增长率 $\left(\dfrac{\Delta Y}{Y} - \dfrac{\Delta L}{L}\right)$ 等式，即：

$$\frac{\Delta Y}{Y} - \frac{\Delta L}{L} = \frac{\Delta A}{A} + b\left(\frac{\Delta K}{K} - \frac{\Delta L}{L}\right)$$

以上等式中，Y、K、L、b 分别表示产量、资本、劳动、资本收入在总收入中的比例。

（4）新古典增长模型的经济意义是劳动力的增长、资本存量的增长和科学技术的进步对产量的增长产生直接影响。

8. 简述实际经济周期理论是如何解释宏观经济波动的。（厦门大学，2004）

答：（1）实际经济周期理论是 20 世纪 80 年代美国经济学家提出的一种新的经济周期理论模型。实际经济周期理论认为，经济的实际冲击是经济周期波动的主要原因，实际冲击指对经济的实际方面发生的扰动，比如影响生产函数的冲击、影响劳动力规模的冲击、影响政府购买实际数量的冲击等。但实际周期理论认为，技术冲击即生产函数随时间发生的变化是最重要的冲击，通常称为供给冲击。

（2）实际经济周期理论对宏观经济波动的解释。

第一，反向冲击对经济的影响。反向的经济冲击会降低劳动的边际产品，相应地，在任何实际工资水平下降对劳动的需求发生变化从而导致均衡时，实际工资水平和就业量下降。由于反向技术供给降低了等量资本和劳动的产出数量，以及均衡就业数量的下降，产出的均衡水平将低于技术冲击发生前的产出水平。当产出的一般均衡水平（充分就业产出）发生变化时，由于快速的价格调整可以使实际产出等于充分就业产出，因此经济衰退时实际产出下降，繁荣时实际产出增加，并且始终处于一般均衡状态。

第二，技术冲击是经济衰退的原因。尽管经济中存在许多类型的冲击，但实际周期理论认为，技术冲击是最主要的甚至是唯一的衰退源泉。经济波动可以由较大的、对整个经济都产生影响的技术冲击形成，也可以由一系列较小的技术冲击的累积效果产生。因此，尽管识别特别的、较大的技术冲击比较困难，经济周期仍可以是技术冲击的结果。

第三，对技术冲击的测量。索洛剩余是衡量技术进步最常用的测度标准，索洛剩余测量的是全要素生产率的变化。根据道格拉斯生产函数，A 为全要素生产率，其表示总产出中没有被资本投入和劳动投入所直接解释的部分。

第 7 章
开放宏观经济学

学习要求及重点

1. 学习要求

• 了解绝对优势理论、比较优势理论、要素禀赋理论、新贸易理论与新新贸易理论、国际贸易组织、国际金融体系、资本流动。

• 理解国际贸易古典理论、汇率的决定、国际收支平衡、开放条件下的宏观经济政策。

• 掌握比较优势理论、弗莱明—蒙代尔模型、开放条件下的宏观经济政策。

2. 学习重点

• 比较优势理论；

• 新贸易理论；

• 弗莱明—蒙代尔模型；

• 开放条件下的宏观经济政策。

汉英关键词汇对照及定义

1. 绝对成本（Absolute Cost）：是指贸易国之间生产某种产品的劳动成本的绝对差异，如果一个国家所耗费的劳动成本绝对低于另一个国家，即称该国在生产该种产品上具有绝对优势，而另一个国家在该种产品生产上具有绝对劣势。

2. 绝对优势理论（The Theory of Absolute Advantage）：也称为绝对成本理论，由亚当·斯密提出。该理论认为，由于各国拥有不同的绝对成本优势，在同一产品的生产成本上存在绝对差异，各国可以选择自己占有生产成本绝对有优势的产品去进行专业化生产，然后通过交换，各国的国民财富和国民福利水平都会提高。

3. 相对优势理论（The Theory of Comparative Advantage）：又称为比较优势理论，由大卫·李嘉图最先提出。该理论认为，即使有些国家在各种产品生产上都没有任何绝对优势，但只要各国间的商品成本和价格比例有所不同，国际贸易就可以在任何两个存在生产成本和产品价格差异的国家之间进行专业化生产，然后交换，增进各国财富与国民福利水平。

4. 要素禀赋理论（Factor Endowment Theory）：该理论认为，各国生产资源（禀赋）的相对丰裕、相对稀缺是各国成本存在差异的主要原因。各国应该生产并出口那些利用本国丰裕资源的产品，进口那些需要使用本国稀缺资源的产品。

5. 新贸易理论（New Trade Theory）：该理论认为传统贸易理论的理论前提假定过于严密，不符合社会经济生活，无法解释现实。因此，应放宽并建立更符合现实的前提假设，如将市场结构假设为不完全竞争，将规模报酬不变假设为规模报酬递增，假定贸易国获得相同的生产技术也会对国际贸易产生影响，等等。

6. 新新贸易理论（New-New Trade Theory）：它将企业分析变量细化到企业层面，研究企业层面变量（Firm-Level Variations），开拓了国际贸易理论和实证研究的新前沿。异质企业贸易模型主要解释为什么有的企业会从事出口贸易而有的企业不从事出口贸易；企业内生边界模型主要解释是什么因素决定企业选择公司内贸易、市场交易或是外包方式进行配置。

7. 名义汇率（Nominal Exchange Rate）：一种货币与另一种货币之间的兑换比率。或者说，汇率是用一种货币来表示另一种货币的价格，名义汇率经常简称为汇率。

8. 直接标价法（Direct-quotation）：又叫应付标价法，是以一定单位的外国货币为标准，折算成若干单位的本国货币的汇率的表示方法。

9. 间接标价法（Indirect-quotation）：又称应收标价法，是以一定单位的本国货币为标准，折算成若干单位的外国货币的汇率的表示方法。

10. 实际汇率（Real Exchange Rate）：是指本国产品相对于外国产品的价格，或者说一定单位本国产品能够兑换多少单位外国产品的数量。它是对一国商品和服务价格相对于另一国商品和服务价格的一个概况性的度量。

11. 固定汇率（Fixed Rate）：是指一国货币同他国货币的汇率基本稳定。

12. 浮动汇率制度（Floating Exchange Rate System）：是指一国货币管理当局不规定本国货币与他国货币的官方汇率，汇率随外汇市场的供求关系自由波动。

13. 国际资本流动（International Capital Flows）：资本从一个国家或地区（政府、企业或个人）向另一个国家或地区（政府、企业或个人）的流出和流入，就是资本在国际范围内的转移，即国际资本流动。

14. 国际收支平衡表（Balance of International Payments）：是反映一定时期内，一国与外国全部经济往来的收支流量表，是国际收支核算的重要工具。通过国际收支平衡表可以看出一国的国际收支平衡状况、国际收支结构状况及储备资产变动情况，它可以为政府制定对外经济政策，采用相应的宏观调控措施提供依据。

15. 出口补贴（Export Subsidies）：又称出口津贴，是指出口厂商为了加强其在国际市场上的竞争能力，降低本国的出口商品价格，而本国政府在出口商品时给予出口厂商的现金补贴或财政优惠待遇。

16. 出口信贷（Export Credit）：是指一国的国家银行为了鼓励本国商品的出口，加强本国出口商品的竞争力，而对本国的出口厂商、外国的进口厂商或进口方银行提供的贷款。

17. 出口信贷国家担保制度（Export Credit Guarantee System）：是国家为了鼓励商品出口，对于本国出口厂商或商业银行向外国进口厂商或银行提供贷款，由国家设立的专门机构出面担保，当外国债务人拒绝付款时，这个国家机构即按照承保的数额予以补偿的一种制度。

18. 商品倾销（Dumping）：指出口商以低于国内市场价格，甚至低于商品生产成本的价格，集中或持续地大量向国外市场抛售商品的行为。

19. 外汇倾销（Exchange Dumping）：指出口企业利用本国货币对外贬值的机会争夺国外市场的一种特殊手段。

20. 汇率政策（Exchange Rate Policy）：是指一个国家（或地区）政府为达到一定的目的，通过金融法令的颁布、政策的规定或措施的推行，把本国货币与外国货币比价确定或控制在适度的水平而采取的政策手段。

21. 弗莱明－蒙代尔模型（Mundell-Flemming Model，简称 M-F 模型）：是"IS-LM 模型"在开放经济中的形式，是一种短期分析。该模型的基本结论是：货币政策在固定汇率下对刺激经济毫无效果，在浮动汇率下则效果显著；财政政策在固定汇率下对刺激机经济效果显著，在浮动汇率下则效果甚微或毫无效果。

核 心 内 容

1. 绝对成本（优势）理论认为，由于各国在生产某种产品上具有不同的成本优势，两国在同一产品的生产成本上存在绝对差异。因此，各国可以选择对自己有利的生产条件去进行专业化生产有优势的产品，然后进行交换。两国的国民财富和国民福利水平都将得到提高。

比较优势理论则认为，即使一国在各种产品生产上都不具有绝对成本优势，另一国在各种产品生产上都具有绝对优势，两国之间也可以进行贸易。即只要各国间的商品成本和价格比例有所不同，任何两个存在生产成本和产品价格差异的国家之间都可以进行国际贸易，提高本国国民财富与福利水平。

要素禀赋理论进一步分析了比较成本（优势）的原因，认为各国生产资源（要素）的相对丰裕和相对稀缺是形成比较成本差异的主要原因。各国应该生产并出口那些利用本国丰裕资源生产的产品，而进口那些需要使用本国稀缺资源生产的产品。

2. 第二次世界大战结束后，特别是 20 世纪 80 年代以来，产生了为解释新的贸易现象而产生的新贸易理论，其最主要代表人物是克鲁格曼。

该贸易理论认为，传统贸易理论以一些严密的理论假设为基础，如市场是完全竞争的、规模报酬不变或递减、各国的需求偏好相似且不变等。而这些假设前提并不符合社会经济生活现实。因此，应当放宽并建立更符合现实的前提假设，即将市场结构假设转变为更符合现实的不完全竞争；将规模报酬不变转变为规模报酬递增；并放弃赫克歇尔－俄林关于贸易国在获得生产技术方面具有相同可能性的假定，研究不同国家获得技术的可能性对国际贸易的影响，等等。

3. 新新贸易理论将分析变量细化到企业层面，研究企业层面变量。其中，异质企业贸易模型主要解释为什么有的企业会从事出口贸易而有的企业不从事出口贸易；企业内生边界模型主要解释是什么因素决定了企业会选择公司内贸易、市场交易还是外包方式进行资源配置。总之，新新贸易理论更加的微观化。

4. 国际贸易组织以欧盟、北美自由贸易区和东南亚联盟三大区域合作发展最为成功。世界范围内负责多边谈判的最具有代表性、对各国对外贸易政策影响最大的先后分别是关贸总协定和世界贸易组织。世贸组织与国际货币基金组织（IMF）、世界银行（WB）一起被称为世界经济发展的三大支柱。

5. 汇率是指一种货币与另一种货币之间的兑换比率，或者是用一种货币来表示另一种货币的价格。一般而言，汇率往往指的就是名义汇率。汇率通常有两种标价法：直接标价法和间接标价法。汇率制度主要有固定汇率制度与浮动汇率制度两种。

6. 资本从一个国家或地区（政府、企业或个人）向另一个国家或地区（政府、企业或个人）的流出和流入，也就是资本在国际范围内的转移就是国际资本流动。从不同的角度，国际资本流动可划分为：长期资本流动和短期资本流动；直接投资和间接投资。

国际收支平衡表是指反映一定时期内，一国与外国全部的经济往来的收支流量表。它既包括了资本的流动也考虑了货物的流动。

7. 蒙代尔－弗莱明模型认为，在固定汇率制度和货币自由兑换和资本完全自由流动的条件下，一国中央银行无法实行独立的货币政策，即中央银行企图通过增减本国货币量来影响国内利率的努力是徒劳的。

8. 各国政策为了促进本国经济发展，在国际贸易活动中一般采用鼓励出口和限制进口的政策。出口的鼓励政策很多，一般包括财政政策、信贷政策、倾销政策、组织政策等。限制进口的贸易政策是指对产品进口所设定的一系列措施，限制进口的重要工具之一是进口关税。

"练习及思考" 精解

一、填空题

1. 传统国际贸易理论主要包括绝对成本理论、比较成本理论和要素禀赋理论。

2. 新贸易理论的假定前提是不完全竞争和规模报酬递增。

3. 世界上已有的著名区域经济体是欧洲联盟、北美自由贸易区和东盟自由贸易区。

4. 基本的汇率制度包括固定汇率制度和浮动汇率制度。

5. 蒙代尔－弗莱明模型的前提条件有资本完全自由流动 和固定汇率制度。

6. 国际金融体系经过了三个阶段国际金本位制和布雷顿森林体系、牙买加货币体系。

二、判断题（下面判断正确的在括号内打√，不正确的打×）

1.（√）固定汇率制度下，货币政策一定无效。

2.（×）国际收支平衡就是经常项目和资本项目同时保持平衡。

3.（×）蒙代尔－弗莱明模型最初考察的是浮动汇率制度下的资本完全流动。

4.（√）间接标价法条件下，汇率的上升意味着本币升值和外币贬值。

5.（√）在国际收支平衡表中，经常项目被分为无形项目和有形项目（如服务）等。

6.（×）若一国生产所有产品的效率都非常高，那么该国应出口商品而不进口商品。

三、选择题

1. 经常项目账户的顺差意味着（A）。

　　A. 出口大于进口　　　　　　B. 出口小于进口

　　C. 出口等于进口　　　　　　D. 出口的增加大于进口增加

2. 开放经济条件下，IS 曲线会有的变动是（C）。

　　A. 出口增加使 IS 曲线左移　　B. 进口增加使 IS 曲线右移

　　C. 净出口增加使 IS 曲线右移　D. 净出口增加使 IS 曲线左移

3. 在开放经济条件下，IS 曲线反映了利率和国民收入之间的关系，其均衡的条件为（E）。

　　A. 投资等于储蓄

　　B. 投资加税收等于储蓄加政府支出

　　C. 政府支出减税收加出口减进口等于储蓄减投资

　　D. 投资加税收加进口等于储蓄加政府支出加出口

　　E. 储蓄加税收加进口等于投资加政府支出加出口

4. 所有位于 BP 曲线左方的点，意味着（AB）。

　　A. 国际收支失衡　　　　　　B. 国际收支盈余

　　C. 国际收支赤字　　　　　　D. 不决定国际收支状况

　　E. 内部与外部失衡

5. 国际收支平衡表中，主要的项目包括（AC）。

　　A. 经常项目　　　　　　　　B. 资本项目

　　C. 官方清算余额　　　　　　D. 统计误差

6. 如果本国货币贬值，出口增加，进口减少，BP 曲线将会发生的变化为（C）。

　　A. 均衡点沿 BP 曲线移动　　B. BP 曲线变得更平坦

　　C. BP 曲线向右方移动　　　　D. BP 曲线向左方移动

四、问答与论述题

1. 简述绝对优势理论的主要内容。

答：绝对优势指绝对成本方面有优势，绝对优势是指贸易国家之间生产某种产品的劳动成本存在着绝对差异，一个国家所耗费的劳动成本绝对低于另一个国家，即该国家在生产该种产品上存在绝对优势，而另一个国家在该种产品生产上具有绝对劣势。绝对优势理论的基本原理是：由于各国拥有不同的成本优势，在同一产品的生产成本上存在绝对差异，各国可以选择自己拥有绝对成本优势的产品进行专业化生产，然后和他国拥有绝对成本优势的产品进行交换，结果进行贸易的两国国民财富和国民福利水平都会得到提高。

2. 什么是要素禀赋理论？

答：要素禀赋理论认为，生产资源（要素）的相对丰裕、相对稀缺是各国成本存在差异的主要原因。由于各国具有的各种要素丰裕情况不同，有的国家劳动丰裕，有的国家资本丰裕，有的国家可能土地丰裕。一般而言，劳动丰裕的国家，其劳动要素价格相对低廉。因此，在生产劳动密集型产品上具有成本优势；而资本丰裕的国家，其资本要素价格会相对便宜，所以，它生产资本密集型产品就具有成本优势；土地丰裕的国家，其土地要素价格较低，则在生产土地密集型产品上具有成本优势。各国应该生产并出口那些利用本国丰裕资源的产品，进口那些使用本国稀缺资源的产品，贸易由此产生。

3. 传统贸易理论能解释当代国际贸易现象吗？为什么？

答： 传统贸易理论可以部分解释发达国家和发展中国家之间的贸易现象。但是，难以解释现实世界总贸易量中，发达国家之间的贸易量大大高于发达国家与发展中国家之间的贸易量，且同类产品之间的贸易量非常大，即产业内贸易大量存在的现象。之所以如此，原因在于：传统贸易理论的理论前提假定过于严密，不符合社会经济生活，无法解释现实。因此，应放宽并建立更符合现实的前提假设：如将市场结构假设为不完全竞争、将规模报酬不变假设为规模报酬递增、假定贸易国获得相同的生产技术也会对国际贸易产生影响，等等。

4. 主要的出口措施有哪些？

答： 各国政府对于本国出口都是予以鼓励的，就实践而言，鼓励出口的贸易政策一般包括财政政策、信贷政策、倾销政策、组织政策等。鼓励出口的财政政策主要包括各种出口补贴；鼓励出口的信贷政策，主要包括出口信贷和出口信贷国家担保制度；鼓励出口的倾销政策，主要包括商品倾销和外汇倾销两个方面；鼓励出口的组织政策，指政府或行业组织为鼓励出口而制定和采取的各种服务性措施，主要包括有：设立专门的促进出口的组织机构；鼓励出口的其他政策。

5. 请分析完全资本流动和浮动汇率下的财政政策和货币政策的有效性。

答： 为分析方便，我们假定国内价格不变，在浮动汇率情况下，中央银行不干预外汇市场，这意味着国际收支余额为零，即汇率的调整能确保经常账户和资本账户之和为零。资本完全流动意味只存在一个利率 $i=i_f$，可以使国际收支实现平衡。

从图 7-1 中，可以看到使国际收支平衡的唯一利率 $i=i_f$。只在这一个利率下，国际收支实现平衡。当实际汇率变动时，会引起 IS 曲线的移动。在价格水平不变的情况下，货币贬值使本国商品变得更有竞争力，增加了净出口，从而使 IS 曲线向右方移动。反之，实际货币升值意味着该国商品变得相对昂贵，国外对本国商品需求减少，会引起 IS 曲线向左移动。图中的箭头就反映了 IS 曲线变动与利率的联系。如果利率高于国外利率，则引起资本流入，引起货币升值；反之，则引起货币贬值。

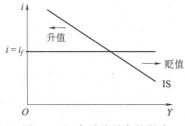

图 7-1　汇率对总需求的影响

（1）出口增加效应。

假定出口退税引起了出口增加，进而引起利率和汇率变动，进而影响国内收入。可以用图 7-2 来分析考察。

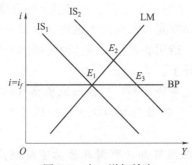

图 7-2　出口增加效应

设最开始均衡点是 E_1。假定现在国外由于某种原因增加了对本国商品的需求，即产品出口增加，这将引起 IS 曲线向右方移动，形成新的均衡点 E_2，在该点上，货币市场和产品市场实现均衡，但此时国际收支却出现不平衡，因为此时的利率升高引起资本流入，进而引起本币升值，而本币的升值会引起进口增加，进而导致 IS 曲线由向左方移动，结果又会回到最初的均衡点 E_1。由此可见，由于资本的完全流动，出口需求增加引起的利率上升引起本币升值完全抵消了出口的增加。

（2）货币供给量增加的效应。

假定货币供给量变动。用图 7-3 来考察。设最初的均衡点是 E_1，现在假设中央银行决定增加货币供给量，由于价格是不变的，所以实际货币供给会增加，这引起 LM 曲线向右移动，由 LM_1 到 LM_2。在 E_2 点，货币市场和产品市场实现新的均衡，然而此时由于利率的降低，引起资本流出增加，结果导致本币贬值，本币贬值引起出口产品具有竞争力，出口的增加引起 IS 曲线由向右上方移动，一直持续到 E_3（IS_2，LM_2 的交点）表示的均衡为止。在 E_3 点的利率水平才能使本国利率等于国际利率，且货币市场和产品市场同时均衡。可见，在浮动汇率下，货币扩张会引起产出增加和汇率下降。

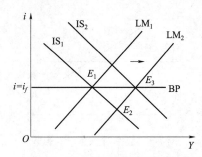

图 7-3　货币供给量增加的效应

6. 假设甲、乙两国同时生产小麦和服装，其生产率相同，即每生产 1 单位小麦需要 10 单位的土地和 2 个劳动力，生产每单位服装需要 2 单位土地和 10 个劳动力。假定甲国的土地价格为每单位 400 元，每单位劳动价格为 500 元，乙国的土地价格为每单位 200 元，每单位劳动价格为 600 元，请用要素禀赋理论说明两国产品的成本情况，并说明两国应该如何分工。

答：从题目给定条件可知，甲国土地价格（400 元）高于乙国土地价格（200 元），而劳动价格（500 元）低于乙国劳动价格（600 元）。

根据要素禀赋理论可知，甲国在劳动密集型产品上具有成本优势，而乙国在土地密集型产品生产上具有成本优势。因此，甲国应生产使用本国丰裕、价格低廉的劳动密集型产品即服装，它在服装生产上的单位成本为 5 000+800=5 800 元，而乙国生产服装的单位成本为 6 000+400=6 400 元；而乙国相反，其劳动价格高于甲国，土地价格低于甲国。因此，乙国应生产使用本国价格低廉的土地密集型产品即小麦，其单位成本为 2 000+1 200=3 200 元，甲国生产小麦的单位成本为 4 000+1 000=5 000 元。

两国按照甲国生产服装、乙国生产粮食进行分工，然后进行交换。

自测练习题

一、填空题

1. 一般而言，一国货币对外贬值可以促进_____，抑制_____。

2. 外汇的汇率有两种不同的标价法：_____和_____。

3. 传统贸易理论无法解释_____贸易，新贸易理论应运而生。

4. 美国居民与企业增加对我国出口商品或资产的需求会引起人民

币_____，相反的情况下会引起人民币_____。

5. 世界贸易组织涵盖了货物贸易、_____ 和_____。

6. 世界贸易组织的基本原则是非歧视原则，它包括_____和 _____条款。

二、判断题（下列判断正确的在括号内打√，不正确的打 ×）

1.（　　）一般而言，人民币升值将会增加中国对其他国家的出口。

2.（　　）基本的汇率制度指固定汇率制度。

3.（　　）比较优势理论与绝对优势理论都属于传统的国际贸易理论。

4.（　　）开放经济条件下，只有当进口增加时 IS 曲线才会发生右移。

5.（　　）绝对优势理论主张国家之间贸易自由。

6.（　　）1995 年后的世界贸易组织成为世界经济支柱之一。

三、选择题

1. 以下哪项不是绝对优势理论的结论？（　　）

　　A. 分工带来效率提高

　　B. 国际分工的原则是绝对成本

　　C. 国际分工利于贸易国的财富增加

　　D. 国际分工不利于就业增加

2. 下面哪句话是不正确的？（　　）

　　A. 绝对优势理论解释了贸易产生的原因

　　B. 比较优势理论解释了贸易产生的原因

　　C. 用劳动生产率差异可以解释贸易原因

　　D. 用劳动生产率差异不能解释贸易原因

3. 下面哪个理论不属于传统贸易理论？（　　）

　　A. 绝对优势理论　　　　　　B. 比较优势理论

　　C. 规模经济理论　　　　　　D. 要素禀赋理论

4. 开放条件的宏观经济是指（　　）。

　　A. 一国经济完全不受政府控制

　　B. 与其他国家有经济联系的一国经济

　　C. 一国经济完全受政府控制

　　D. 与其他国家没有经济联系的一国经济

5. 经常项目出现盈余，一般是指（　　）。

　　A. 资本流入大于资本流出　　　B. 资本流入小于资本流出

　　C. 出口大于进口　　　　　　　D. 出口小于进口

6. 下列哪项不是 1995 年后的世界三大经济支柱之一（　　）。

　　A. 经济合作与发展组织　　　　B. 世界银行

　　C. 世界贸易组织　　　　　　　D. 国际货币基金组织

四、问答与论述题

1. 简述比较优势理论。
2. 汇率变动和进出口变动是如何相互影响的?

自测练习题答题要点

一、填空题

1. 出口　　进口
2. 直接标价法　　间接标价法
3. 产业内
4. 升值　　贬值
5. 服务贸易　　知识产权贸易
6. 最惠国待遇　　国民待遇

二、判断题（下列判断正确的在括号内打√，不正确的打 ×）

1. (×)【要点】根据货币贬值与出口的关系。
2. (×)【要点】根据最基本汇率制度的类型。
3. (√)【要点】根据传统贸易理论。
4. (×)【要点】根据进口和 IS 曲线的关系。
5. (√)【要点】根据绝对优势理论。
6. (√)【要点】根据世界贸易组织的发展。

三、选择题

1. D【要点】根据亚当·斯密的绝对优势理论。
2. D【要点】根据比较优势理论和绝对优势理论。
3. C【要点】根据规模经济理论。
4. B【要点】根据开放经济的条件。
5. C【要点】根据经常项目存在盈余的条件。
6. A【要点】经济合作与发展组织是地区组织。

四、问答与论述题

1. 简述比较优势理论。

答：比较优势理论认为，即使有些国家在各种产品生产上都没有任何绝对优势，但只要各国间的商品成本和价格比例有所不同，国际贸易可以在任何两个存在生产成本和产品价格差异的国家之间进行。也就是说，在各种产品生产上都具有绝对优势的国家应该专门生产优势相对更大的产品；在各种产品生产上都具有绝对劣势的国家应该专门生产劣势较小的产品。然后进行国际贸易，各国的国民财富都会增加。李嘉图的相对优势理论克服了绝对优势理论的缺陷，阐明了国际贸易普遍适用性，即任何国家都可以从国际贸易中获得利益。相对优势理论奠定了国际贸易的理论基础（详见《宏观经济学教程》第 7 章相关内容。）

2. 汇率变动和进出口变动是如何相互影响的？

答：汇率变动会影响净出口（出口—进口）的变动。如果本国货币汇率变动引起本币贬值，则本国同类商品在国际市场上的价格下降，从而具有竞争优势，而外国商品在本国市场上的价格走高，不利于其销售，从而本国出口增加，进口减少，净出口增加；反之，则本国商品出口减少，进口增加，净出口减少。

在浮动汇率制度下，净出口变动反过来会影响汇率。假如本国的净出口增加，外汇汇率会下降，即会引起本币升值，外币贬值；相反，如果本国的净出口减少，将增加对外汇的需求增加，则外汇汇率提高，本币贬值。

考研真题汇总及答题要点

一、概念题

1. 国际收支平衡表（财政部财科所，2004；武汉理工大学，2009）

答：国际收支平衡表是系统地记录一定时期内各种国际收支项目及其金额的一种统计报表。该表按照复式簿记的原理编制，它表明在过去一段时间内以货币表示的对外支出和从国外得到的收入对比，表明该国从国外所收款项的用途、对外支出资金的来源。

国际收支平衡表包括三大部分：①经常项目，包括商品和劳务项目；②资本项目，包括短期资本与长期资本项目；③平衡项目，包括官方储备资产与错误及遗漏项目。国际收支平衡表为研究国际收支状况提供了必要的条件，它是一种重要的经济分析工具，能帮助了解一国的经济、金融状况及其发展趋势。因而，对已编制国际收支平衡表的国家和其他国家都有积极作用。

2. 边际进口倾向（北京航空航天大学，2005）

答：边际进口倾向指进口量的变动引起这种变动的收入变动的比率，即每增加一单位国民收入的变动量所能引起进口变动的比率。国民收入变动之所以能够影响进口量，是因为如果一国的国民收入增加，那么该国的消费，特别是对奢侈品的消费将增加，于是将向外国购买更多的商品，即进口量增加；反之，则进口量减少。边际进口倾向反映了国民收入对进口量的影响程度。

3. 浮动汇率制（中南财经政法大学，2005）

答：浮动汇率制指由外汇市场根据外汇供求关系自行决定汇率的汇率制度。实行浮动汇率制度的国家并非完全放弃对外汇市场的干预，往往会根据各自经济发展的需要，对汇率进行控制和调节。因此，浮动汇率制度又可以根据干预的情况分为自由浮动汇率制度和有管理的浮动汇率制度。

自由浮动汇率制度又称"清洁浮动汇率制度"，即一国政府不采取任何干预措施，汇率完全由外汇市场的供求关系决定的汇率制度。

有管理的浮动汇率制度又称"肮脏浮动汇率制度"，即一国政府为维持其汇率的相对稳定，在外汇市场进行有目的地干预的浮动汇率制度。有管理的浮动汇率制度还可以分为单独浮动汇率制度、联合浮动汇率制度、盯住浮动汇率制度。① 单独浮动汇率制度。本国货币不与任何外国货币规定固定的比价关系，而是完全根据外汇市场的变化对汇率进行调节控制的汇率制度。美国、日本、加拿大等都实行单独浮动汇率制。② 联合浮动汇率制。又称"集体浮动汇率制""共同浮动汇率制"。指具有密切经济合作的国家，如欧洲经济共同体成员国货币之间实行相对固定的汇率制度，同时它们对集体以外国际的货币实行同升同降的汇率制度。③ 盯住汇率制。一国货币按照固定的兑换比率与某一种外币或一组外币相联系的汇率制度。有些国家由于历史、地理等方面的原因，其对外贸易、金融往来主要集中于某个发达国家。为使这种贸易、金融关系得到稳定发展，免受相互间的货币汇率频繁变动的不利影响，这些国家通常使本国货币盯住该发达国家的货币，本国货币汇率随该发达国家的货币汇率浮动而浮动。例如，一些英联邦国家货币盯住英镑。有些国家的货币与由若干外币组成的"一篮子"货币之间建立稳定的汇率关系，并随"一篮子"货币汇率的变动而变动。这"一篮子"货币主要由本国经济联系密切的国家的货币和对外支付使用最多的货币组成。

二、简答与论述题

1. 如果在 A、B 两国产出不变的前提下将他们合并成一个国家，分析合并前后对 GNP 总和有什么影响，并举例说明。（浙江大学，2001）

答： 如果 A、B 两国合并成一个国家，则两国贸易变成了一国两地区之间的贸易，从而影响 GNP 总和。因为两国未合并时，双方可能有贸易往来，这种贸易只会影响 A 或 B 国的 GNP，对两国 GNP 总和不会发生影响。（请参考本书的第 2 章"练习及思考精解"第三题第 9 题）

2. 简述资本完全流动 IS-LM-BP 的模型。（复旦大学，2005）

答： ① IS 曲线描述产品市场均衡时产出与利率的关系，是一条向右下方倾斜的曲线；LM 曲线描述货币市场均衡时产出与利率的关系，是一条向右上方倾斜的曲线。IS 曲线和 LM 曲线的交点表示经济处于内部均衡。BP 曲线描述国际收支平衡时产出与利率的关系，该曲线上每一点表示经济处于外部均衡。在资本完全流动条件下，BP 曲线由于资本的完全流动性而成为一条平行于横轴的直线。

②　如果 IS、LM 和 BP 曲线交于同一点，交点上经济同时处于内部均衡和外部均衡。如果 IS 曲线和 LM 曲线的交点在 BP 曲线上方，经济处于内部均衡，但与外部不同时均衡，即国际收支存在顺差；如果 IS 曲线和 LM 曲线的交点在 BP 曲线下方，经济处于内部均衡，但国际收支逆差。

③　在资本具有完全流动性的情况下，如果一国实行固定汇率制度，则此时财政政策有效，而货币政策无效，即一国无法实行独立的货币政策；如果一国实行浮动汇率制度，则此时财政政策无效，而货币政策有效。事实上，资本完全流动下的 IS-LM-BP 模型也就是常说的蒙代尔—弗莱明模型，即资本具有完全流动假设前提的开放经济模型。

3. 假如资本在国际间的流动是完全的。在固定汇率制度下和浮动汇率制度下，一个国家的货币政策和财政政策对经济的影响有什么不同？（武汉大学，2004）

答： 在资本完全流动的假定下，如果外国汇率是不变的，则当国内货币利率高于外币利率时，资本会流入本国，此时出现大量的资本账户和国际收支盈余；反之，则资本流出本国，引起大量的资本账户和国际收支赤字。

浮动汇率制度下，如果本国实行扩张的货币政策，会引起货币供给增加，进而导致本币利率下降，但由于完全自由流动的假定，本币利率下降会引起资本流出，这样最终本国利率会上升到与外币利率相等为止。

在固定汇率制度下，如果政府实行扩张的货币政策，货币供给增加导致本国利率下降。然而，本国的国民收入和国际收支都不会变动，只能引起本国外汇储备减少。

在浮动汇率制度下，如果政府实行扩张性的财政政策，只会引起本国利率的暂时上升，但本币会升值，国际贸易恶化。

在固定汇率制度下，如果政府实行扩张的财政政策，则会引起本国收入增加，本国外汇储备增加，但由于本国收入增加会引起本国发生贸易逆差。

4. A 国采取单方面盯住美元的汇率政策，一美元兑换 8.27 A 元。A 国政府每年的财政预算赤字为 3 000 A 元，如果政府采用直接对央行发行国债来为财政赤字融资。

（1）问每年 A 国的外汇储备变化量，能否平稳进行？

（2）该汇率制度崩溃前后，说明汇率、价格、名义和实际货币的变化情况。

（3）如果改成对公众发行国债，能否无限期的推迟通货膨胀，为什么？（北京大学，2005）

答： （1）如果政府采用直接对央行发国债为财政赤字融资 3 000 A

元时，为维持盯住美元的汇率制度，每年需减少外汇储备3 000/8.27 美元。这样一个外汇量并不大，若 A 国储备丰富时，不会对其造成影响。但是，一旦达到某一限度，则会导致其固定汇率制度的崩溃。

（2）汇率制度崩溃前，汇率、价格、名义及实际货币都不变；汇率制度崩溃后，会引起货币贬值，汇率大幅上升，进而引起国内商品价格上升，名义货币增加，但其实际货币则不变。

（3）如果改成对公众发行国债，不能无限期的推迟通胀。这是因为，公众持有的国债最终是要偿还的，而且还需支付相应利息，除非政府在对公众发债后能采取其他措施增加政府收入或削减政府支出。

5. 国际收支平衡表的结构可以用以下公式表示，如果 B_c 代表经常项目余额，B_k 代表资本项目余额，ΔR 代表储备项目，ε 代表错误与遗漏项目，试解释，我国 $B_c+\Delta R+B_k+\varepsilon\equiv0$ 中经常项目余额和资本项目余额均为黑字，并且幅度较大，这种情况下另外两项的实际含义？（北京航空航天大学，2004）

答： 在通常情况下，错误与遗漏账户是由于不同账户的统计资料来源不一，记录时间不同及一些人为因素（如虚报出口），造成结账时出现净的借方和贷方余额，从而需要一个抵消账户而形成的，所以错误与遗漏账户是一个平衡账户，一般情况下数额不大。所以一般情况下收支平衡公式为：经常账户＋储备项目＋资本账户＝0。即 $B_c+\Delta R+B_k\equiv0$

在我国，一方面经常账户余额和资本项目余额都为黑字，即都大于零；另一方面我国的储备项目一直为正，且呈现增长趋势，而另一方面我国错误与遗漏账户数额巨大，这就使我国的储备项目和错误与遗漏项目偏离了本来的含义。

目前我国资本项目下还不可以自由流动。实际上，由于我国巨大的发展潜力和发展前景，资本资金的国内外流动一直存在，这种资金流动通过两个途径进行，一种是以各种名义通过合法的途径出入，结果反映在储备项目下就是外汇储备的增加；另一种就是通过各种非法途径出入，由于这种非法途径无法记载，其全部反映在错误和遗漏项目上。所以我国的储备项目和错误与遗漏项目实际上反映了我国资本的境内外流动。

6. 试用资本完全流动性的蒙代尔－弗莱明模型讨论固定汇率与浮动汇率制下的财政政策和货币政策效应。（厦门大学，2004）

答：（1）蒙代尔－弗莱明模型是在开放经济条件下分析财政政策和货币政策效果的主要工具。蒙代尔－弗莱明说明了资本是否自由流动及不同的汇率制度对一国宏观经济的影响。蒙代尔－弗莱明模型将封闭经济下的宏观分析工具 IS-LM 模型扩展到开放经济下，并按照资本国际流动性的不同，对固定汇率制与浮动汇率制下财政政策和货币政策的作用机制、政策效果进行了分析研究。

（2）固定汇率制度下，资本完全流动的财政政策和货币政策的效果分析。

当资本完全流动时，开放经济的平衡如图 7-4（a）所示。

货币政策分析。扩张性的货币政策将会引起利率的下降，但在资金完全流动的情况下，本国利率的微小的下降会导致资金的迅速流出，立即降低了外汇储备，抵消了扩张性货币政策的影响。也就是说，此时的货币政策完全无效，如图 7-4（b）所示。

财政政策分析。如图 7-4（c）所示，扩张性财政政策将会引起利率上升，而利率的微小上升都会增加货币供应量，使 LM 曲线右移直至利率恢复期初水平。也就是说，在 IS 右移过程中，始终伴随 LM 曲线的右移，以维持利率水平不变，在财政扩张结束后，货币供给也相应扩张了，经济同时处于长期平衡状态。此时财政政策不会影响利率，但会带来国民收入的较大增加，财政政策非常有效。

（3）浮动汇率制度下，资本完全流动的财政政策和货币政府分析。

资本完全流动时，开放经济的平衡状态如图 7-4（d）所示。在假定汇率变动对资金流动没有影响的前提下汇率变动对 BP 曲线没有影响。

货币政策分析。如图 7-4（e）所示，货币扩张造成的本国利率下降，会立刻通过资金流动造成本币贬值，这推动 IS 曲线右移，直至与 LM 曲线相交确定的利率水平与世界利率水平相等为止。此时，收入不仅高于期初水平，而且也高于封闭条件下的货币扩张后的情况，因此货币政策非常有效。

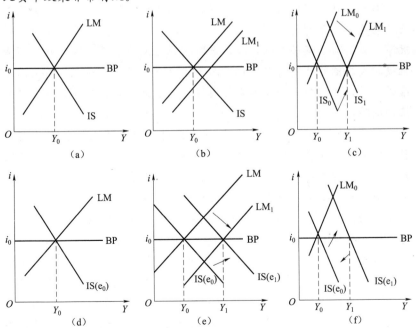

图 7-4　固定汇率制度资本完全流动的财政政策和货币政策分析

　　财政政策分析。如图 7-4（f）所示，财政扩张（IS（e_0）右移），造成本国利率上升，资金流入，进而造成本币升值，这会导致 IS（e_1）曲线左移到 IS（e_0），直到利率水平重新与世界利率水平相等为止。此时与期初相比，利率不变，本币升值；收入不变，即财政支出增加造成了等量的出口下降。此时财政政策完全无效。

　　7. 请讨论，在固定汇率制度下，资本能够完全流动时的货币政策效应。（中央财经大学，2004）

　　答：略（参见上题答案）。

　　8. 试评述小型开放经济中，不同汇率制度下所实施的财政政策和货币政策的效果，请说明理由。（中央财经大学，2011）

　　答：小型开放经济的最重要特征是其资本具有极强的流动性，其利率水平等于世界利率水平。因此，小型开放经济面对的 BP 曲线是一条水平线，其商品市场、货币市场和外汇市场同时均衡的条件就与蒙代尔—弗莱明模型中浮动汇率条件相同。

　　不同汇率下的财政政策和货币政策效果分析参见前面第 6 题相关内容。

　　9. 开放经济条件下，宏观经济政策的两难选择。（中央财经大学，2004）

　　答：开放经济条件下，宏观经济政策同时要满足国内均衡和国外均衡的需要，宏观经济政策经常不能同时达到国内均衡和国外均衡，这就是开放经济条件下的宏观经济政策两难选择。主要原因在于以下几点。

　　第一，在汇率固定不变时，在开放经济运行的特定区间，会出现内外均衡难以兼顾的情形。假如内部经济出现衰退且国际收支逆差情况下，政府为了促进经济增长，采取扩张性政策，导致国际收支逆差继续扩大，国际收支情况恶化。而为了改善国际收支情况，需采取紧缩性政策，但这会进一步加剧国内经济的衰退，此时出现宏观经济政策的两难选择。

　　第二，一个国家可以采取各种政策对宏观经济失衡状态进行调整，使之逐步恢复到均衡，达到较为理想的增长或发展状态。但各种政策手段或者主要可以解决国内经济失衡，或者主要解决的是国外经济失衡问题。要实现经济的对内或对外的均衡，政策手段主要包括以下几方面。① 财政政策。通过扩大或者紧缩各种财政支出，增加或者减少各种税收等做法调节就业量的变化和经济增长速度、影响一个国家的进出口。② 货币政策。通过调整再贴现率、存款准备金率和公开市场业务等方法，控制货币供给量，进而调控国内市场的总需求和进出口等。③ 汇率政策。通过本国货币对外汇率的变化，调整国际收支。例如，通过本币对外升值或贬值，影响进出口。④ 采用各种法律，法令、行政和管制等手段，直接控制经济的运行，以使经济向预定的方向发展。

第三，政策搭配。按照蒙代尔的政策搭配主张，采用财政手段来调节国内的均衡，即当经济出现衰退时，采用扩张的财政政策治理；当经济出现通货膨胀时，采用紧缩的财政政策来治理。采用金融手段来调控对外均衡，即当国际收支出现顺差时，采用扩张的货币政策来调整；当国际收支出现逆差时，采用紧缩的货币政策来调整。这样比较容易达到对内、对外的同时均衡，如果政策搭配不适宜，就有可能出现事与愿违的情况。

10. 利用数学方法证明开放经济的政府购买乘数不可能大于封闭经济的政府购买乘数。（上海交通大学，2006）

答： 政府购买乘数指国民收入的变动额与引起国民收入变动的政府购买支出变动额之比。

（1）在封闭经济下，国民收入（Y）是由消费（C）、投资（I）、政府支出（G）所决定的。假定消费是国民收入的线性函数，投资与出口为外生变量，则开放经济的宏观模型为：

$$\begin{cases} Y=C+I+G \\ C=C_0+cY \ (0<c<1) \end{cases}$$

其中，c 代表边际消费倾向。由此可求得封闭经济下的均衡国民收入为

$$Y=\frac{1}{1-c}(C_0+I+G)$$

在其他条件不变的情况下，假设政府支出增加 ΔG，则它对国民收入的影响为

$$\Delta Y=\frac{1}{1-c}\Delta G$$

所以封闭经济下，政府支出乘数为：$\dfrac{\Delta Y}{\Delta G}=\dfrac{1}{1-c}$ ①

（2）在开放经济中，国民收入（Y）是由消费（C）、投资（I）、政府支出（G）及净出口（$X-M$）所决定的。假定消费、进口是国民收入的线性函数，投资与出口为外生变量，则开放经济的宏观模型为：

$$\begin{cases} Y=C+I+G+X-M \\ C=C_0+cY \quad (0<c<1) \\ M=M_0+mY \quad (0<m<1) \end{cases}$$

其中，c、m 分别代表边际消费倾向与边际进口倾向。由此可求得开放经济下的均衡国民收入为

$$Y=\frac{1}{1-c+m}(G_0+I+G+X-M_0)$$

在其他条件不变的情况下，假设政府支出增加 ΔG，则它对国民

收入的影响为

$$\Delta Y = \frac{1}{1-c+m}\Delta G$$

因此，开放经济条件下，政府支出乘数为：$\dfrac{\Delta Y}{\Delta G} = \dfrac{1}{1-c+m}$ ②

比较①、②两式可得：开放经济中的政府支出乘数不可能大于封闭经济中的政府支出乘数。

第8章 宏观经济学现代流派

学习要求及重点

1. 学习要求

• 了解理性预期学派与货币主义的主要观点、凯恩斯主义失灵的含义、新凯恩斯主义的发展、主流宏观经济学的争论、供给学派的政策主张、瑞典学派的主要观点。

• 理解理性预期学派与货币主义的政策主张、新凯恩斯主义的基本理论与政策主张。

• 掌握理性预期学派和货币主义的主要政策主张、新凯恩斯主义的主要经济理论、主流宏观经济学的共识。

2. 学习重点

• 新古典宏观经济学主要政策主张、新凯恩斯主要的经济理论与政策主张、经济周期的含义及其分类;

• 哈罗德—多马模型假定前提及计算公式、经济增长黄金率、加速数;

• 经济周期产生的主要原因。

汉英关键词汇对照及定义

1. 货币主义 (Monetarism):又称为货币学派,是 20 世纪 50—60 年代在美国出现的一个经济学流派,是 20 世纪 60 年代以来各种新自由经济主义经济学流派中最有影响力的一个流派,其创始人为美国芝加哥大学教授弗里德曼。该学派认为,一切经济活动都离不开货币信用形式,一切经济政策和调节手段都需要借助货币量的变动(扩张或收缩)来发挥作用。

2. 预期 (Expectations):是指经济活动者为了谋求个人利益最大化,对与经济决策有关的不确定因素进行的预测。

3. 理性预期 (Rational Expectations):指经济当事人为避免损失

或谋取最大利益，会尽量利用一切可以获得的信息，对所关心的经济变量在未来的变动状况作出尽可能准确的估计。

4. 新凯恩斯主义（New-Keynesian）：又称新凯恩斯学派（New Keynesian School），兴盛于 20 世纪 90 年代，它继承了原凯恩斯主义的基本理论和政策主张：经济中存在着显著的周期性波动、经济政策是重要的。但在具体的经济分析方法和经济理论观点上，新凯恩斯主义和凯恩斯主义之间存在重要差别，最突出的一点是，新凯恩斯主义构建了原凯恩斯主义宏观经济学所欠缺的微观经济基础。

5. 新新古典综合派（New Neoclassical Synthesis）：新新古典综合派在新古典宏观经济学、新凯恩斯主义和实际经济周期之间进行了调和。该理论放弃了完全竞争的假设，接受了垄断竞争假设和跨期最优化的微观假设，认为价格是可变的，即厂商根据利润最大化原则进行价格调整，家庭则根据实际工资和利率变化在消费和劳动力供应之间做出选择，并再次影响到厂商的边际成本。

6. 新剑桥学派（New Cambridge School）：该学派继承了凯恩斯的"投资—储蓄分析"，强调投资对就业量和国民收入水平的决定作用。该学派强调，凯恩斯经济理论的基本要点是《通论》第二十四章中关于社会哲学的论述，即论述资本主义社会财富收入分配的不均，以及推论资本主义社会必然走向没有食利者阶层的文明生活新阶段。

7. 供给学派（The Supply-siders）：是 20 世纪 70 年代在美国兴起的经济学流派，该学派与凯恩斯主义相对立。该学派强调商品和劳务的生产，因此，该学派又被称为生产学派。供给学派并没有建立理论和政策体系，只有该学派的倡导者对于"滞涨"产生的原因及政策主张的共同看法：他们认为，凯恩斯注重强调经济的需求方面并不能很好地解决滞涨问题，应该强调经济的供给方面，集中在调节生产率方面。

8. 瑞典学派（the Swedish School）：又称北欧学派、斯德哥尔摩学派。该学派萌芽于 20 世纪 20—30 年代，第二次世界大战以后，形成了一整套带有社会民主主义色彩的小国开放型混合经济理论。其独特的理论体系和分析方法，对现代世界有重要影响。

9. 奥地利学派（Austrian School）：也称为维也纳学派或心理学派。该学派产生于 19 世纪 70 年代，流行于 19 世纪末 20 世纪初。其创始人门格尔和继承者维塞尔、柏姆·巴维克都是奥地利人和维也纳教授，都用边际效用的个人消费心理来建立其理论体系。

10. 新奥地利学派（New Austrian School）：20 世纪 30 年代以后，以米塞斯和哈耶克为代表的经济学家继承了奥地利学派的传统理论并做了补充。他们反对马克思主义，反对主张国家调节经济的凯恩斯主义，推崇自由主义，崇拜市场自发势力，通常被称为新奥地利学派，又称维也纳学派。

11. 新政治宏观经济学派（New Political Economy）：该学派是在宏观经济学、社会选择理论和博弈论之间交叉形成的边缘理论，主要分析研究政治因素对经济周期、失业、通货膨胀、经济增长和稳定经济政策管理等方面的影响。

核 心 内 容

1. 自由主义经济学流派中，现代货币主义、理性预期学派为重要代表。现代货币主义以"凯恩斯革命的反革命"面目出现，坚持"货币最重要"。该学派认为，一切经济活动都离不开货币信用形式，一切经济政策和调节手段都需要借助货币量的变动（扩张或收缩）来发挥作用；理性预期学派则从新古典经济学的利益最大化原则出发，着重分析了理性预期在市场经济活动中的作用及其对经济政策实施效果的影响。

2. 新凯恩斯主义继承了原凯恩斯主义的基本理论和政策主张，但在具体的经济分析方法和经济理论观点上，新凯恩斯主义与凯恩斯主义存在重要差别：新凯恩斯主义构建了原凯恩斯主义宏观经济学所缺乏的微观经济基础。

3. 新古典宏观经济学和凯恩斯主义经济学是目前西方宏观经济学中两个较有影响力的理论流派，二者之间既有分歧，又有共识。共识在于：他们都认为，短期中，社会总需求会对一国的经济产出有一定的影响；长期内，社会总供给决定国民收入和国民福利水平。长期内，国内生产总值处于充分就业水平上，长期内理性预期在宏观经济中发挥着重要作用。分歧主要在于：首先，假设条件不同。新古典宏观经济学与凯恩斯主义经济学最明显的分歧是前者坚持市场出清假设，而后者则坚持非市场出清假设。其次，解释经济波动方面不同。新古典宏观经济学试图用实际因素从供给方面解释宏观经济波动，凯恩斯主义经济学则从需求方面解释宏观经济波动。最后，政策主张不一样。凯恩斯主义认为，由于价格和工资的黏性，经济在遭受总需求冲击之后，从一个非充分就业的均衡回到充分就业均衡状态是一个缓慢的过程，因而刺激总需求是必要的。新古典宏观经济学反对政府干预。

4. 新新古典综合派将新古典宏观经济学、新凯恩斯主义和实际经济周期理论纳入到统一框架内。一方面，接受新凯恩斯主义的垄断竞争假设，另一方面接受了实际经济周期理论中的跨期最优化的微观假设，在工资和价格是否可变问题上进行了调和。新新综合派理论的基本命题包括以下几点。① 假设家庭可以无限期存在并具有同质性，代表性家庭在考虑收入预期和实际利率的前提下实现整个生命周期内的消费最大化。② 代表性家庭的劳动供应受其消费的影响。③ 厂商之间属于垄断竞争，就业和收入由家庭的劳动供给、企业的利润最大化决策和整个经济体的劳动生产率决定。④ 劳动市场和信贷市场是完全竞争的市场，产品市场则属于垄断竞争市场。⑤ 实际利率由信贷市场和总供求决定。

5. 当代西方宏观经济学发展主要受到了两大思想主张的影响：一是主张政府干预经济的以凯恩斯主义经济学为代表的思想主张；二是主张经济自由的以新古典宏观经济学为代表的思想主张。正是在这样两种思想的影响下，主要形成了大致可以分为三种类型的流派：对凯恩斯主义进行补充发展而形成的学派，如新古典综合派和新剑桥学派；对凯恩斯主义进行挑战而形成的流派，如供给学派和奥地利学派；既不继承凯恩斯主义又反对凯恩斯主义的非主流经济学流派，如瑞典学派和政治宏观经济学派。

"练习及思考" 精解

一、填空题

1. 理性预期学派也可被称为合理预期学派。

2. 货币主义的代表人物主要是弗里德曼。

3. 新凯恩斯主义产生于20世纪70年代的"滞涨"导致的凯恩斯主义危机。

4. 新新古典综合派主要的思想来源是新古典宏观经济学、凯恩斯主义、实际经济周期理论。

5. 新政治宏观经济学主要理论包括以阿罗、森为代表的福利经济理论或社会选择理论、以布坎南、图洛克和奥尔森等为代表的公共选择理论或公共经济理论、以科斯、诺斯等为代表的制度经济理论、研究国际经济和政治关系问题的国际政治经济学。

6. 新古典综合派属于凯恩斯主义。

二、判断题（下面判断正确的在括号内打√，不正确的打×）

1. (×) 新凯恩斯主义与凯恩斯主义完全不同。

2. (×) 货币主义认为货币政策无论什么时候都没有效果。

3. (√) 新凯恩斯主义坚持了凯恩斯主义的政府干预思想。

4. (×) 新新古典综合派继承了凯恩斯主义的实际周期理论。

5. (√) 新剑桥学派可以归属于凯恩斯主义。

6. (×) 理性预期学派主张政府干预经济。

三、选择题

1. 下面哪个学派属于自由主义学派？（C）
    A. 凯恩斯主义
    B. 新凯恩斯主义
    C. 货币主义
    D. 新古典综合派

2. 下面哪个学派主张政府干预经济？（ACD）
    A. 新凯恩斯主义
    B. 货币主义
    C. 新古典综合派
    D. 新剑桥学派

3. 新凯恩斯主义使用哪些理论说明价格粘性？（AB）
    A. 交叉价格调整
    B. 长期合同契约论
    C. 工会强大论
    D. 政府干预理论

4. 货币主义主张（A）。
    A. 货币单一规则
    B. 货币数量与经济增长率相配合
    C. 货币多样规则
    D. 货币发行量随物价调整

5. 理性预期学派主要认为人们拥有（B）。
    A. 适应性预期
    B. 理性预期
    C. 外推型预期
    D. 预期具有不确定性

6. 新政治宏观经济学的范围包括（ABCD）。
    A. 公共选择理论
    B. 新制度经济学
    C. 福利经济学
    D. 国际政治经济学

四、问答与论述题

1. 简述新古典宏观经济学的主要理论。

答： 新古典宏观经济学，又称作"新古典主义""货币主义"，是20 世纪 70 年代由货币主义和理性预期学派发展演化而来的一个经济学流派。新古典宏观经济学遵循古典经济学的传统，相信市场力量的有效性。认为如果让市场机制自发地发挥作用，就可以解决失业、衰退等一系列宏观经济问题。具体来说，新古典宏观经济学一般都接受这样的理论：私人经济是可以自身稳定的；货币在长期是中性的；货币在短期也是中性的；凯恩斯主义积极干预的经济政策是有害的。

2. 货币主义的主要政策主张是什么？

答： ① 中央银行应该实行"单一规则"。所谓"单一规则"，就是公开宣布并长期采用一个固定不变的货币供应增长率。"单一规则"强调三点：公开宣布、长期实行、固定货币供应增长率。

这三个要点相互呼应，缺一不可。"公开宣布"可以将人们心理上的不安定感减轻一些，从而可以避免人们因不同预期引起的混乱和矛盾；"长期实行"则可以消除频繁的相机抉择变动引起的经济波动，消除时滞效应中不同时期的不同反映，使初始效果和最终效果趋于一致；"固定货币供应增长率"有利于加强货币政策的连续性和稳定性。

即货币政策必须保持其单一性、长期性和稳定性。货币政策的首要目标是稳定货币、稳定经济；货币增长率一经正确订定，就应该长期固定，而不能因经济波动或其他因素而随便调整。只有克服货币政策的摇摆性和失误，才能赢得公众对货币政策的信任，真正为经济社会提供稳定的货币环境。

② 应该实行"收入指数化"的方案来对付通货膨胀。收入指数化是指广泛地使工资合同及其他合同指数化，即长期合同应包括名义价格可以自动调节以抵消通货膨胀等条款。这一措施的实质是排除通货膨胀的影响，使契约按实际量而不是名义量来缔结。存贷款利率也应采取这一措施，保证实际利率不受通货膨胀的影响。其好处是，无论通货膨胀高低，契约双方（雇主与雇员，借者与贷者）都可以受到保护而免受损害，使他们在不受通货膨胀的干扰下，按照本行业的条件去谈判。这样的做法可以保证经济活动的正常进行。

③ 在开放经济条件下，浮动汇率政策是解决通货膨胀的重要手段。货币主义认为，自由的国际资本流动和固定汇率制度将会导致政府对货币供给量的控制成为不可能。货币供应量的增加会引起需求增加，进而会引起物价的上升，如果此时实行固定汇率制度，则国内的过度需求会导致出口减少、进口增加，最终导致国际收支恶化。这意味着增加的货币供应量有一部分进入到了世界经济体系中，世界通货膨胀率提高时，国内通货膨胀率也会上升。但在浮动汇率制度下，一国货币供应量的增加都会在和贸易往来国的货币相对价格上反映出来，会自动维持国际贸易均衡和国际收入的均衡。

3. 供给学派的主要政策主张是什么？

答：供给学派肯定萨伊定律，主张鼓励储蓄和投资。因此，该学派主张应当消除不利于生产要素供给和利用的因素。政府的经济政策是经济主体经营活动的刺激因素，其中财政政策最为重要。在分析经济政策对行为的影响时，供给学派反对凯恩斯主义只注意政策对经济主体收入和支出的影响效果的做法，更强调政策对生产活动的作用。

供给学派竭力主张大幅度减税，认为减税能刺激人们多做工作，且更能刺激个人储蓄和企业投资增加，从而大大促进经济增长，同时还抑制了通货膨胀。他们还认为，减税后政府税收不会减少，还会增多。即使出现财政赤字，对经济也无关紧要。经济增长后，赤字自然缩小和消失。

同时，供给学派主张大量削减社会支出，停办不必需的社会保险和福利计划，降低津贴和补助金额，严格限制领受条件。

供给学派还主张货币价值稳定，即必须恢复金本位制。

4. 新凯恩斯主义有关价格黏性的理由是什么？

答：价格黏性是指价格不能随总需求的变化而及时变动，即当总需求改变时，价格却难以及时变动，此时厂商对总需求改变的反应是马上改变产量，通过产量变动诱使劳动市场上对劳动的引致需求发生改变。所以，总产量和总就业量都随总需求而变，经济中出现周期性波动。新凯恩斯主义区分了名义价格黏性和实际价格黏性。

① 新凯恩斯主义认为，可以用菜单成本和交错调整价格来说明名义价格黏性产生的原因。

菜单成本是指变动价格时发生的调整价格的机会成本。菜单成本的存在阻碍了厂商调整价格，使名义价格水平有了黏性。当厂商作出价格调整决策时，由于难以预料产品价格或要素价格调整的后果，即要素供给者、顾客或厂商竞争对于价格调整或工资调整的反应都有很大的不确定性，因此存在菜单成本。

交错调整价格是指在不完全竞争市场中，厂商为了实现利润最大化，通常采用交错方式而不是同步方式调整价格。各厂商调整价格的时间有先有后，形成一个交替调整价格的时间序列。在不完全市场中，厂商只具备有限信息。然而，厂商要实现利润最大化，就必须掌握尽可能完备的信息，收集信息的成本又随信息量递增。因此，厂商必须选择一种以最小成本获取最大信息量的方式作出价格决策，这种方式就是交错调整价格。经济中盛行交错方式调整价格，会导致物价总水平有黏性。

② 新凯恩斯主义用需求非对称性论、厂商信誉论、投入产出表理论说明实际价格黏性存在的原因。

厂商信誉论指出，在不完全市场上，价格的选择效应和激励效应诱使厂商实行优质高价的定价策略，从而导致实际价格有黏性。各厂商都采用优质高价的定价策略，而且厂商的定价兼顾长远利益时，价格不会随着总需求的改变而迅速地变动，各种产品的相对价格比近似不变，实际价格存在实际价格黏性。

需求非对称论认为，在价格变动时，消费者对降价和提价的反应不同，导致需求有非对称性：价格提高时需求减少的幅度大于价格下降时需求增加的幅度。需求这种非对称性变动与搜索成本有关。当消费者搜寻质优价廉的产品需要搜索成本、且厂商面临弯折的需求曲线时，厂商对要素价格的变动可能作出不改变价格的反应。

投入产出表理论从厂商之间的相互联系来说明实际价格黏性。直接或间接地影响某个厂商生产的厂商有很多，成百上千的厂商会直接或间接地为某个厂商提供生产要素。单个厂商仅仅知道直接为其提供生产要素厂商的价格决策，却难以获悉那些间接影响其生产要素价格厂商的价格策略。在这种情况下，单个厂商想预测需求变化对其各类直接或间接成本的影响时，最佳方式是，依据直接供给其要素的厂商提供的信息调整其价格。由于需求变化对单个产品价格的影响在错综复杂的投入产出链之间的传递十分缓慢。所以，需求变动对要素价格变动的影响也非常迟缓。这样，投入产出链上众多的要素供给厂商并不随着需求的变化迅速地调整价格，价格就有了实际价格黏性。

5. 新政治经济学的基本假定是什么？

答：新政治经济学假定：政治活动中的个人行为就和人们在经济市场上一样，在经济市场或政治市场上，个人都是最终决策者，都具有经济人的理性原则，即他们追求自己个人利益最大化。因此，需要进行成本收益分析。这样，新政治宏观经济学就将政府内生化了。

不过，由于政治活动具有更大的不确定性。因此，人们实际上往往难以做到完全理性。同时，由于在政治活动中人们承担的责任要比经济活动中的责任轻一些，所以一般不会进行理性的比较和计算。个人是社会秩序的根本组成单位，政府则是个人相互作用的制度复合体，个人通过制度复合体作出集体决策来实现自己的集体目标。

6. 新剑桥学派与新古典综合派的主要区别有哪些？

答：新剑桥学派是后凯恩斯主义体系中与新古典综合派相对的另一个重要分支，新剑桥学派与新古典综合派的舌战形成了著名的"两个剑桥之争"。它的代表人物是英国经济学家罗宾逊、卡尔多和斯拉法。该学派在凯恩斯主义的旗帜下，强调其反新古典主义的成分。新剑桥学派又被称凯恩斯主义左派，这使得它在各重大理论问题上与试图弥合凯恩斯主义与新古典主义的新古典综合派形成鲜明对比。如在方法论方面，该学派极力攻击新古典综合派用均衡观代替凯恩斯的历史观。在对新古典学派的态度上，它只强调凯恩斯理论的"革命性"因素，而闭口不谈其继承性问题。在经济理论的重心方面，它强调应把理论重点放在分配问题上，而不是收入—支出问题上。

在新剑桥学派的经济理论中，收入分配理论和增长理论尤为重要。在价值理论的基础上，新剑桥学派认为，新古典综合派的边际生产力分配理论是错误的，是一种循环论证，其中尤以资本的衡量标准问题最困难。同时，新剑桥学派强调了所有权因素及历史因素对收入的影响，指出了工资和利润的对立。

在分配理论的基础上，新剑桥学派建立了自己的经济增长理论。新剑桥学派认为，由于资本家和工人的投资率的差异，收入分配对经济增长产生影响；而在既定的储蓄倾向条件下，经济增长率的变化将引起国民收入分配的相对份额的变化，即经济增长率越大，利润在国民收入中所占比重就越大，工资收入所占比重就越小。

自测练习题

一、填空题

1. 20世纪60年代末到70年代初，在对政府宏观干预的反对声中，主张"经济自由"的自由主义经济学流派中，＿＿＿＿＿＿和

_____为重要代表。

2. 现代货币主义的理论渊源主要是_____论和早期的_____学派的理论。

3. 弗里德曼认为从长期看，货币供应量的变动只能影响名义变量而不能影响实际变量，因此，货币从长期看是_____。这不同于凯恩斯理论，凯恩斯认为，货币供应量变化后对国民收入有实质性影响。因此，货币是_____。

4. 新凯恩斯主义和凯恩斯主义之间存在重要差别，最突出的一点是，新凯恩斯主义_____。

5. 新凯恩斯主义用_____取代了"刚性"。它指的是价格调整较为迟缓，而不是不能调整。新凯恩斯主义关于工资黏性的理论，既包括_____，也包括_____。

6. 新凯恩斯主义用_____和_____来说明名义价格粘性。

二、判断题（下列判断正确的在括号内打√，不正确的打 ×)

1. （   ）货币主义属于自由主义学派。

2. （   ）新凯恩斯主义与凯恩斯主义的区别主要在于宏观政策不同。

3. （   ）理性预期学派认为政府政策在短期有效，长期无效。

4. （   ）供给学派又称为生产学派。

5. （   ）新剑桥学派强调阶级分析方法。

三、选择题

1. 根据货币数量论，货币供给增加时物价水平会（   ）。

   A. 上升   B. 下降   C. 不变   D. 不能确定

2. 以下哪项是古典宏观经济学派的观点？（   ）

   A. 政府应该提供重要产品

   B. 政府应该从事社会生产

   C. 政府应该通过宏观经济政策对经济进行调节

   D. 政府不应干预经济，只承担政治、社会职能

3. 以下哪个观点不是货币主义的主要观点？（   ）

   A. 在长期中，货币数量不能影响就业量和实际国民收入

   B. 私人经济具有稳定性，国家经济政策会使它的稳定性遭到破坏

   C. 货币供给对名义收入具有决定性作用

   D. 在短期中，货币数量能影响就业量，但不影响实际国民收入

4. 以下哪种宏观经济思想学派认为由于时滞的存在，政府有意识地试图刺激或紧缩经济，将会使得经济变得更加不稳定？（   ）

   A. 凯恩斯主义学派   B. 货币主义学派

   C. 新古典宏观经济学派   D. 供给经济学派

四、问答与论述题

1. 什么是理性预期？简述理性预期学派的主要观点与相应的政策主张。

2. 试说明新古典主义和凯恩斯主义观点的主要异同之处。

自测练习题答题要点

一、填空题

1. 货币主义　　理性预期学派
2. 传统货币数量　　芝加哥
3. 中性的　　非中性的
4. 构建了原凯恩斯主义宏观经济学所缺乏的微观经济基础
5. 黏性　　名义工资黏性　　实际工资黏性
6. 菜单成本论　　交错调整价格论

二、判断题（下列判断正确的在括号内打√，不正确的打×）

1. （√）【要点】货币主义和理性预期学派都属于自由主义学派。

2. （×）【要点】新凯恩斯主义与凯恩斯主义的区别主要在于微观基础问题。

3. （×）【要点】理性预期学派认为政府政策无论长期还是短期都无效。

4. （√）【要点】根据供给学派的观点。

5. （√）【要点】根据新剑桥学派主要观点。

三、选择题

1. A【要点】根据货币数量论的观点。

2. D【要点】根据古典宏观经济学理论。

3. D【要点】根据货币主义的观点。

4. B【要点】根据货币主义观点。

四、问答与论述题

1. 什么是理性预期？简述理性预期学派的主要观点与相应的政策主张。

答：理性预期又被称为合理预期，指人们的预期符合将要发生的事实，是经济学中的一个预期概念。它的含义是：第一，作出经济决策的经济主体是理性的；第二，经济主体会在作出预期时尽力获得一切有关的信息；第三，估计主体在预测时不会犯系统性错误，即使犯错也会及时修正，在长期保持正确。

理性预期学派的主要观点有：界定经济当事人的理性预期；使用附加预期的劳动供给曲线说明了宏观经济中国民收入的决定；利用理性预期假设和自然率假设否定了凯恩斯主义宏观经济政策的有效性；

非预期到的货币波动会引起国民收入的波动，从而形成经济周期。

理性预期学派的政策主张：第一，主张实行自由主义的经济政策，反对政府干预；第二，政府应制定并公布长期不变的政策规则，形成公众的稳定预期；第三，政府应将总价格水平稳定在一定水平上；第四，刺激劳动供给，以降低自由失业率。

2. 试说明新古典主义和新凯恩斯主义观点的主要异同之处。

答：新古典主义以理性预期、市场出清、自然率等为假设条件，得出了宏观政策无效性的主要观点和政策主张。新凯恩斯主义以非市场出清、理性预期假设为假设前提，得出了由于经济可以处于非充分就业均衡，因此政策有效性的观点和结论。

二者相同观点为：都赞成理性预期的假设。认为人们会尽可能地收集信息，使其预测能够预期准确。即预期在决定经济人的行为方面发挥重要作用；含有微观经济学基础；长期内，国内生产总值依赖于劳动、资本和技术；在短期内，总需求能影响一国的国内生产总值；长期总供给曲线是一条位于潜在产量水平上的垂直线。

二者的不同在于：在假设方面，新古典宏观经济学坚持市场出清，而新凯恩斯主义坚持市场非出清。在解释经济波动方面，新古典宏观经济学认为在理性预期下，总需求不会影响国民收入的实质均衡，经济周期主要由预料外的因素引起；而新凯恩斯主义则认为经济的均衡要由总供给与总需求共同决定，总需求更为重要些，而由于工资和价格存在的黏性，则总需求带来了宏观经济的波动。在政策主张方面，新古典宏观经济学反对政府干预；新凯恩斯主义则认为，要从非充分就业均衡恢复到充分就业均衡状态非常漫长，所以需要政府总需求政策进行干预。

考研真题汇总及答题要点

一、概念题

1. 供给学派（中山大学，2010）

供给学派是20世纪80年代初在美国兴起的西方经济学流派之一。主要代表人物有孟德尔、费尔德斯坦、拉弗、罗伯茨、吉尔德等。

该流派的理论特点是强调供给效应，反对凯恩斯需求管理政策。其主要理论观点包括：否定凯恩斯有效需求理论，主张恢复萨伊定律；反对高额的边际税率，力主减税、增加供给；主张减少政府干预，减少政府财政支出，加强市场调节；认为应在刺激供给的同时，实行限制性货币政策。

其政策主张是：减税；削减社会福利支出；稳定币值，恢复金本位制；减少政府的管制，让企业更好地按市场经济的原则运行。

2. 公共选择理论（华中科技大学，2005）

公共选择理论指以詹姆斯、布坎南等人为代表的公共选择学派所倡导的理论，该理论将经济学应用到政府行为分析，说明政府的选择与决策。

主要内容包括：① 非市场集体决策。公共选择理论研究非市场的集体决策。这种决策有两个特点：一是非市场性，二是集体的。② 集体决策的原则。公共选择理论认为，在公共物品方面，关于生产什么、生产多少等问题，选民们的观点各异，只能通过政治过程进行商议，得到协调，投票就是一种协调形式。③ 民主无效率。在民主制度下，投票集团的偏好对公共物品的生产会起决定作用，这样，民主制度就会使一部分人遭受损失。民主制度的另一缺陷是不能按成本—收益分析结果选择最佳方案，因为是按多数赞成票决定的。民主制度可能会使议员们被特殊利益集团所利用，为其服务尽力，而不管全民福利。民主秩序中还存在投票矛盾，难以形成一致决策。④ 官员制度和效率。公共选择理论认为，同大公司的官员制度相比，政府官员制度带来的是低效率。为解决执法官员制度低效率的问题，应该引入竞争机制：一是使公共部门的权力分散化，减少垄断，增加公共部门与私人生产者之间开展的竞争；二是由私人生产者承包公共劳务，实行公共劳务生产私人化；三是当代西方经济社会暴露出来的很多问题，官僚主义、赤字政策、通货膨胀等，不仅反映了市场经济的矛盾，而且反映了政治结构的弊端。因此，要进行政治制度和法规的改革，将遏制日趋膨胀的政府势力作为努力目标。

3. 理性预期（中山大学，2005）

理性预期又被称为合理预期，指人们的预期符合将要发生的事实，是经济学中的一个预期概念。它的含义是：第一，作出经济决策的经济主体是理性的；第二，经济主体会在作出预期时尽力获得一切有关的信息；第三，估计主体在预测时不会犯系统性错误，即使犯错也会及时修正，在长期保持正确。

4. 菜单成本（中山大学，2005）

菜单成本是新凯恩斯主义在解释价格粘性时使用的主要概念。菜单成本是指变动价格时发生的调整价格的机会成本。菜单成本的存在阻碍了厂商调整价格，使名义价格水平有了黏性。当厂商作出价格调整决策时，由于难以预料产品价格或要素价格调整的后果，即要素供给者、顾客或厂商竞争对于价格调整或工资调整的反应都有很大的不确定性，因此存在菜单成本。

二、简答与论述题

1. 凯恩斯和弗里德曼都注意到了货币流通速度的顺周期性，分别用他们的理论解释这一现象。（清华大学，2005）

答：货币流通速度是指同一单位的货币在一定时期内充当流通的次数。它是决定商品流通过程中所需要货币量的重要因素之一，能在一定程度上弥补流通中货币数量的不足。在确定货币流通速度时，应该是处于流通中不断运动的货币，不包括暂时停止或长期沉淀的部分。所谓货币流通速度顺周期是指，经济繁荣时，货币流通速度上升；经济萧条时，货币流通速度增长率放慢或者绝对下降。

① 凯恩斯对货币流通速度顺周期变动的解释。凯恩斯将货币流通速度与经济周期联系起来，认为货币流通速度是可塑的。

凯恩斯主义继承了凯恩斯的思想，假定人们对货币需求出于三个动机：交易动机、谨慎动机和投机动机。实际货币需求模型是 $M_d/P=f(i,Y)$，式中 i 表示利率，Y 表示国民收入，即货币需求是利率和国民收入的函数，把该式代入货币交易方程，则 $V=PY/M$，其中 M 用 M_d 代替可得：$V=PY/M=Y/f(i,Y)$，该式反映出货币流通速度是实际国民收入和利率水平的函数。由于货币需求的收入弹性小于1，因此货币流通速度随收入水平的变化而变化，实际国民收入增加，货币的流通速度加快。正由于货币流通速度对收入和利率的变化是同方向变动，因此，货币流通速度会表现出顺周期变动的特征。

② 弗里德曼的货币需求理论对货币流通速度顺周期变动的解释：由于货币的需求由恒久性收入决定，在繁荣时期，恒久性收入的增长相对慢于现期收入的增长，因而货币需求的增长相对慢于国民收入的增长，货币流通速度也就上升或加速上升；在衰退时期，恒久性收入的下降慢于现期收入的下降，因而货币需求的下降也相对慢于国民收入的下降，货币流通速度就下降或增长放慢。这样，货币流通速度就表现出顺周期的特征。

2. 简述"健全财政"和"补偿财政"两者思想原则的差异。（南京大学，2007）

答：在凯恩斯之前，西方资本主义国家传统的财政思想是"健全财政"的财政思想，它反映了自由放任经济的财政政策主张。"健全财政"的思想原则是：① 量入为出，收支平衡。政府的财政不以赚钱为目的，不应该出现赤字，应该每年都保持预算的平衡；同时政府尽量减少预算，支出要节俭，并严格控制其用途。② 少发公债。因为一切欠债都是罪恶，公债尤其如此，它是子孙后代的一种负担。

20世纪30年代爆发的资本主义世界经济危机打破了传统经济理论的理想境界。凯恩斯提出了"有效需求不足理论"，认为经济危机和严重失业是有效需求不足引起的，主张政府干预，在政府对经济干预和调节措施中，凯恩斯把财政政策放在首位，针对"健全财政"的思想，提出了"补偿财政"的思想。

"补偿财政"思想的主要原则是：在经济繁荣时期，为避免通货膨胀，必须增加税收，减少财政支出，以控制过度的有效需求；反之，在经济萧条时，必须增加财政支出，减少税收，以提高有效需求，刺激经济的繁荣。从整个经济周期的过程看，预算上实现平衡，为了达到这一总过程的平衡，每年的财政预算不必保持平衡，繁荣时期的财政盈余可以弥补萧条时期的财政赤字。

3. 什么是萨伊定律，什么是凯恩斯定律？二者之间有什么区别？（清华大学，2009）

答：（1）萨伊定律是法国古典经济学家萨伊在 1803 年出版的《政治经济学概论》一书中提出的著名论点，即供给会自己创造需求。这一命题的含义是：任何产品的生产除了满足生产者自身的需求外，其余部分总会用来交换其他产品，即形成对其他产品的需求。每个人实际上都是在用自己的产品去购买别人的产品，所以卖者必然也是买者。一种产品的供给增加，实际上也是对其他产品的需求增加；一国供给能力增加 1 倍，所有商品供给量都会增加 1 倍，购买力也同时增加 1 倍。因此，总需求总是且必定是等于总供给，经济总能实现充分就业的均衡。

需要指出的是，萨伊定律并不否认局部的供求失衡，他只是否定全面生产过剩的失衡。

（2）凯恩斯在 1936 年出版的《就业、利息和货币通论》中提出了著名的有效需求理论。凯恩斯在三个基本心理规律——消费倾向规律、资本边际效率规律及流动偏好规律的基础上，论证了消费需求不足、投资需求不足从而有效需求不足的原因，认为有效需求不足会使生产即供给不能扩大到充分就业的程度，从而导致了非自愿性失业的出现。在这里，不再是萨伊的"供给会创造出自己的需求"，而是"需求会创造出自己的供给"，这便是所谓的凯恩斯定律。

（3）萨伊定律认为供给可以自发地创造需求，而凯恩斯的观点正好相反；两者的政策主张也不同。

萨伊定律以完全竞争市场为前提，认为依靠自然的经济秩序，所有的问题会得到完善的解决，经济总能处于充分就业的均衡状态。而凯恩斯定律则说明，仅仅依靠经济自身的力量，经济往往处于低于充分就业的均衡。在政策主张上，萨伊主张放任自流的经济政策，减少政府对经济的干预，而凯恩斯主义则主张政府干预。

4. 试论述自凯恩斯以来，宏观经济学是如何考虑预期因素的？（南开大学，2006）

答：经济学中，所谓预期是指从事经济活动的人，在进行某项经济活动之前，对未来的经济形势及其变化（主要是市场供求关系和价格）作出一定的估计和判断。例如，企业在制订产销计划时，必须估计市场将来的行情变化，以避免可能造成的经济损失或白白错过的赢利机会。

(1) 在理性预期概念产生之前，经济理论研究中所涉及的预期理论，按照经济学家们设想的预期形成机制，可以分为三种类型。

① 静态预期。静态预期理论假定经济活动主体（企业或个人）完全按照过去已经发生过的情况来估计或判断未来的经济形势。在传统的蛛网理论中，生产者必须对未来上市时的产品价格进行预期，以决定其供给数量，蛛网理论假定，生产者通常都以当前的市场价格作为对下一时期市场价格的预期，这即是静态预期。若以 P_t 表示第 t 期的实际价格水平，P_{t-1} 表示第 t 期的前一个时期的实际价格水平，$\overline{P_t}$ 表示在 $t-1$ 期所预期的第 t 期的价格水平，则静态预期模型为：$\overline{P_t} = P_{t-1}$。由此可见，"静态的预期形成最为单纯，它把前期的实际价格完全当成现期的预期价格"。

② 非理性预期，或称外推型预期。非理性预期是凯恩斯在《通论》中提出来的。凯恩斯认为，资本主义社会中，经济形势是变化莫测的，前景是无从确知的，因而人们的预期是缺乏可靠基础的，是非理性的，容易发生突然而剧烈的变化。当投资者情绪乐观时，乐观的预期导致投资激增，经济扩张；反之，当投资者情绪悲观时，悲观的预期使"资本边际效率"突然崩溃，投资萎缩，经济衰退。以 α 表示预期中的调整系数，P_{t-2} 为第 $t-1$ 期的前一时期的实际价格水平，非理性预期的模型为 $\overline{P_t} = P_{t-1} + \alpha (P_{t-1} - P_{t-2})$。根据这一模型可以分析出，如果 α 等于零，该模型则转化为静态预期模型。假定市场实际价格从 $t-2$ 时期到 $t-1$ 时期是上涨了，即 $P_{t-1} > P_{t-2}$，根据非理性预期理论，乐观的人会预期价格上涨趋势将会持续下去（$\alpha = 1$），悲观的人则预期价格上涨趋势将不会持续，反而会大幅度下降（$\alpha = -1$）。

概括地说，非理性预期理论有三个特征：a. 预期的形成缺乏可靠的基础，因而易受情绪支配；b. 预期被作为一个外生变量来对待，从而被排除在模型的分析范围之外，即"把预期主要看作外部变数，因而同任何模式中的现行变数无关"；c. 预期不受有关经济变量与政策变量的影响。

③ 适应性预期。适应性预期最初是由菲利普·卡甘在 1956 年发表的《超通货膨胀的货币动态理论》一文中提出来的，后由弗里德曼在分析通货膨胀和"自然失业率"时加以运用和推广。以 β 表示适应性预期的调整系数，而且 $0 < \beta < 1$，适应性预期的模型可以写为：

$$P_t = P_{t-1} + \beta(P_{t-1} - \overline{P_{t-1}})$$

适应性预期形成的一个特点，就是考虑到前期实际价格（P_{t-1}）与预期价格（$\overline{P_{t-1}}$）的差距，进行现期的价格预期，形成反馈型预期机制。

适应性预期理论强调，经济活动主体的预期并不是独立于其他经济变量之外的某种心理状态，而是以他们过去的经验和客观的经济活动变化为基础的，人们可以利用过去的预期误差来修正他现在的预期。由于在适应性预期理论中，人们只能处于被动的地位，只是随客观经济的变化和政府经济政策的变化来调整自己的预期。因此，这一预期理论遭到一些经济学家的批评，并由此产生了理性预期理论。

（2）理性预期理论。

所谓理性预期，"它假定单个经济单位在形成预期时使用了一切有关的、可以获得的信息，并且对这些信息进行理智的整理。"在这一基础上，经济主体对经济变化的预期是有充分根据的和明智的，它在很大程度上是可以实现的，并且不会轻易为经济主体所改变。正如穆思所指出的："由于预期是对未来事件有根据的预测，所以它们与有关的经济理论的预测本质上是一样的。我们把这种预期叫作'合理的'预期。"

理性预期理论有两个显著的特点。

① 人们对经济未来变化的理性预期总是尽可能最有效地利用现在的所有可以被利用的信息，而不是仅仅依靠过去的经验和经济的变化；而且，在用理性预期来替代适应性预期的结构里，模型中的经济主体会注意到政策的变化。经济主体将据此修正他们的决策，以便充分利用一项新的政策产生出来的任何有利机会。理性预期理论并不认为每个经济主体的预期都是完全正确的和与客观情况一致的预期，而是说这些经济主体的预期（主观的后果的概率分布）与经济理论的预测（客观的后果的概率分布）是趋向一致的。

② 理性预期理论并不排除现实经济生活中的不确定因素，也不排斥不确定因素的随机变化会干扰人们预期的形成，使人们的预期值偏离其预测变量的实际值，但是，它强调一旦人们发现错误就会立即做出正确反应，纠正预期中的失误。因此，人们在预测未来时决不会犯系统的错误。

5. 李斯特经济政策的核心是什么？（首都经贸大学，2008）

答：李斯特经济政策的核心就是关税保护。

李斯特从当时的德国具体历史条件出发，反对古典政治经济学派提出的自由贸易，而主张在德国实行关税保护制度。他认为，自由贸易是建立在一个错误的假设之上的，即统一的世界联盟和持久和平已经存在。而在李斯特看来，这种统一的世界市场尚未实现，在此情况下要实现全面的自由贸易主张，完全不符合资本主义发展水平较低国家的民族利益。

李斯特认为，18、19世纪的德国是一个在工业上大大落后于英法的国家，只有通过关税保护制度，首先使德国实现了工业化，然后才能在国际贸易中实现自由竞争。他特别强调，实行关税保护不应妨碍国内工业的发展，并提出新式机器和现代化生产资料的进口应当尽可能不因关税而受到阻碍。

李斯特把德国资本主义工业化和德国工业产品占领国内市场，作为关税保护制度的目标，并且把保护关税壁垒制度仅仅看作将来在国际范围内实现自由贸易的一种手段，而不是目的。这使他既区别于传统的重商主义，又区别于英法古典经济学，而是二者的结合，这种结合代表了德国产业资产阶级的利益，因而在当时的德国具有一定的进步意义。

6. 比较供给学派、新凯恩斯主义和货币学派对财政赤字的理论及他们的不同观点。（南开大学，2004）

答：（1）供给学派的财政赤字理论。

在论述财政赤字理论方面，供给学派的费尔得斯坦认为，在充分就业和经济增长的条件下，财政赤字的增加可以表现为政府债券或货币供给的增加，或两者同时增加。而货币供给的增加会造成通货膨胀的压力，政府债券的发行会引起债券利率和私人有价证券利率之间相对水平的变化，从而产生政府债券对私人有价证券的替代效应，导致私人有价证券需求的缩小，降低整个资本形成水平。

因此，在财政赤字增加的情况下，财政赤字主要通过扩大货币供给量来弥补，就可以消除政府债券对私人有价证券的替代效应。而货币供给量的扩大产生的通货膨胀，从而引起名义利率的上升，则可以通过降低边际税率、提高资本的实际净收益而使一部分扩大的货币供给被私人有价证券的投资吸收来加以解决。

（2）新凯恩斯主义的财政赤字理论。

新凯恩斯主义强调政府对宏观经济的调控。该学派认为，为了实现宏观经济目标，政府必须根据经济形势采取逆向操作，而逆向干预的手段主要是财政政策和货币政策。在经济繁荣时期，政府应采取紧缩性财政政策和货币政策以防止通货膨胀，结果必然会造成财政盈余；而在经济衰退时期，政府则应该采取扩张性财政政策和货币政策以刺激经济增长，这又会造成财政赤字。因此，在一个财政年度不要求追求财政平衡。由于宏观调控的需要，要允许在年度内出现财政赤字。但是，在一个经济周期内应实现财政平衡，即在经济繁荣时期的财政盈余足以弥补经济衰退时期的财政赤字。

（3）货币主义的财政赤字理论。

货币主义反对政府对经济的干预，认为财政制度本身有着自动抑制经济波动的作用，即自动稳定器，因此货币主义主张由经济自动调节财政赤字和盈余。

货币主义认为，经济系统本身存在一种会减少各种因素对国民收入冲击的机制，能够在经济繁荣时期自动抑制通货膨胀，在经济衰退时期自动减轻萧条，无须政府采取任何行动。同样，经济的波动会引起财政收支的变化，从而导致财政赤字或盈余。这种自动变化主要是通过以下几个方面进行的。

① 政府税收的自动变化。当经济衰退时候，国民收入水平下降，在税率不变的情况下，政府税收会自动减少，在政府支出不变的情况下，财政收入的减少会出现财政赤字；在经济繁荣时期，国民收入水平上升，在税率不变的情况下，政府税收会自动增加，出现财政盈余。

② 政府支出的自动变化。在经济衰退时期，失业增加，符合救济条件的人数增多，失业救济和其他社会福利开支相应增加，在财政收入不变的情况下，政府有财政赤字。

从上面分析可知，在经济衰退时期，政府财政收入减少、财政支出增加，出现财政赤字，而在经济繁荣时期，则经济自动出现财政盈余。因此，货币主义主张对赤字的不干预政策。

(4) 供给学派、新凯恩斯主义、货币主义对财政赤字理论的不同之处。

供给学派、新凯恩斯主义、货币主义对财政赤字理论的不同点主要表现在以下几个方面。

① 从财政赤字产生的原因看，供给学派认为财政赤字产生的原因在于供给方面，因此解决财政赤字应该扩大总供给；新凯恩斯主义和货币主义认为财政赤字产生的原因在于需求方面，财政赤字的解决则依赖于社会总需求的变化。

② 对财政赤字的态度方面，新凯恩斯主义和货币学派认为财政赤字的出现具有周期性，在一个经济周期内财政赤字和财政盈余可以抵消，从而应该关注整个经济周期的财政平衡，而不是一个财政年度的经济平衡问题。供给学派重视平衡预算，认为平衡预算可以降低通货膨胀率，创造一个刺激储蓄投资的环境条件。

③ 从政府干预方面看，凯恩斯主义和供给学派都强调经济周期的自身波动对财政赤字的影响，而新凯恩斯主义则强调政府干预的财政政策对财政赤字的影响。

7. 简要说明目前宏观经济学的基本共识。(武汉大学，2007)

答：目前西方宏观经济学的基本共识有以下几点。

① 在长期，一国生产物品和劳务的能力决定着该国居民的生活水平。首先，GDP 是衡量一国经济福利的一项重要指标。实际 GDP 衡量了该国满足其居民需要和愿望的能力。从一定程度讲，宏观经济学最重要的问题是什么决定了 GDP 的水平和 GDP 的增长。其次，在长期，GDP 依赖于劳动、资本和技术在内的生产要素。当生产要素增加和技术水平提高时，GDP 增长。

② 在短期，总需求能够影响一国生产的物品和劳务的数量。虽然经济生产物品和劳务的能力是长期中决定 GDP 的基础，但在短期，GDP 也依赖于经济的总需求，进而所有影响总需求的变量的变化能够引起经济波动。更高的消费者信心、较大的预算赤字和较快的货币

增长都可能增加产量和就业，从而减少失业。

③ 预期在决定经济的行为方面发挥着重要作用。居民和企业如何对政策的变化做出反应决定了经济变化的规模，甚至有时还决定着经济变动的方向。

④ 在长期，总产出最终会回复到其自然水平上。这一产出水平取决于自然失业率、资本存量和技术的状态。

⑤ 无论是新古典宏观经济学，还是新凯恩斯主义经济学都承认，经济的长期总供给曲线是一条位于潜在产量水平上的垂直线。

8. 货币政策应该按规则还是相机抉择？请说明理由。（中国人民大学，2006）

答：（1）关于货币政策应该是按照规则还是相机抉择，经济学家们各持己见，没有统一的看法，其分歧在于规则和相机抉择各有其好处。

（2）固定货币规则是指货币当局把货币供应量的增长率稳定在一个确定的数值上的货币政策。这是以弗里德曼为代表的美国货币主义学派极力提倡的货币政策。货币主义认为，货币供应与经济增长之间存在着稳定的联系，人们的货币需求与实际收入之间存在着稳定的函数关系。因此，货币供应量的增长必须和实际经济增长保持一致，货币供应量的增长率也应当保持稳定。货币主义学派反对凯恩斯主义以相机抉择的反周期财政政策调控经济，而突出强调货币政策的重要作用，认为通货膨胀和经济变动是货币因素造成的，必须运用货币政策来消除。而货币政策的落脚点不在于控制银行信贷利率，而在于直接控制货币供应量的增长率。货币主义学派认为市场经济本身是稳定的，不需要政府干预，只要维持固定的货币增长率，就会消除通货膨胀和经济的不稳定性。政府干预反而有可能造成宏观经济的波动，带来经济的不稳定。

相机抉择的货币政策主要是凯恩斯主义的一种实施总需求管理、根据经济运行的波动情况而机动灵活运用的货币政策。一般依照逆向规则实施，即当总需求低于充分就业的产量时，实行扩张性货币政策，刺激需求，以消除失业；反之，则实行紧缩性货币政策，以抑制通货膨胀。这种货币政策曾长期作为西方国家实施宏观调控政策的主要依据。但这种政策未能考虑政府决策的局限性，对公众预期、货币政策时滞和人的认识能力等因素的影响估计不足。可见，固定规则和相机选择都有各自的优越性，货币政策究竟应该按照固定规则还是按照相机抉择目前仍然处于争论之中，尚无定论。

参 考 文 献

[1] 考夫曼．《宏观经济学》学生指导和练习册．北京：中国人民大学出版社，2012.

[2] 多恩布什，费希尔，斯塔兹．宏观经济学．北京：中国人民大学出版社，2010.

[3] 圣才考研网．多恩布什《宏观经济学》名校考研真题详解．北京：中国石化出版社有限公司，2012.

[4] 蔡继明．宏观经济学习题集．北京：清华大学出版社，2011.

[5] 曹家和．宏观经济学习题集．北京：北京交通大学出版社，2007.

[6] 全国硕士研究生入学考试命题研究组．宏观经济学考研真题及强化习题详解．北京：中国石化出版社有限公司，2012.

[7] 跨考教育教研中心．宏观经济学真题及强化习题详解．北京：北京邮电大学出版社，2011.

[8] 圣才考研网．2015 年考研专业课辅导系列西方经济学（宏观部分）考研真题与典型题详解．11 版．北京：中国石化出版社有限公司，2014.

[9] 张云峰．宏观经济学导教·导学·导考．西安：西北工业大学出版社，2004.

[10] 尹伯成．现代西方经济学习题指南．上海：复旦大学出版社，2008.